Peter Wittwer

# EIN STÜCK HIMMEL AUF ERDEN

## OSTKIRCHEN IN ZÜRICH

mit Fotografien von Vera Markus

Diese Publikation erscheint zur Ausstellung
«Ein Stück Himmel auf Erden – Ostkirchen in Zürich»
im Stadthaus Zürich 2011

Eine Ausstellung der Abteilung Kultur
in Zusammenarbeit mit der Integrationsförderung der Stadt Zürich

**T V Z**
Theologischer Verlag Zürich

**Stadt Zürich**
Kultur

# OSTKIRCHEN IN ZÜRICH

## AUSSTELLUNG IM STADTHAUS

In unserer Stadt leben Menschen aus über 160 Nationen. Es sind ganz unterschiedliche Kulturen und Religionen, Mentalitäten und Traditionen, die in einer weltoffenen Stadt wie Zürich neben- und miteinander gelebt werden. Dieses Zusammenleben funktioniert. Gänzlich konfliktfrei ist es nicht, aber die Zürcherinnen und Zürcher, solche mit und solche ohne Schweizer Pass gleichermassen, begegnen sich grundsätzlich mit Toleranz und Respekt. Die Durchmischung der Quartiere ist gut. Ethnisch oder religiös dominierte Stadtteile wie in anderen grossen Städten kennen wir in Zürich nicht. Mit verschiedenen Massnahmen stellen wir sicher, dass das Zusammenleben auch in Zukunft für alle einvernehmlich verläuft.

Zürich ist auch dank der Zuwanderung von ausländischen Arbeitskräften eine attraktive Wohnstadt und ein erfolgreicher Wirtschaftsstandort. Dies belegen viele Studien und es entspricht auch meiner persönlichen Erfahrung. Max Frisch hat anlässlich der Debatte um die sogenannte Schwarzenbach-Initiative den bekannten Satz geprägt, dass die Schweiz Arbeitskräfte gerufen habe, aber Menschen gekommen seien. Arbeitskräfte sind eine statistische oder wirtschaftliche Grösse, Menschen hingegen haben Gefühle, sie haben ganz verschiedene Geschichten zu erzählen. Sie pflegen mannigfaltige Lebensarten und sie haben ganz unterschiedliche Glaubensbekenntnisse. In den letzten hundert Jahren ist aus der Stadt des grossen Reformators Huldrich Zwingli eine Stadt geworden, in der mit der katholischen und der reformierten Landeskirche auch orthodoxe Gemeinschaften immer stärker präsent sind. In den letzen zwei, drei Jahrzehnten wurde unsere Stadt zu einer multireligiösen Stadt mit grossen Bevölkerungsgruppen, die von islamischen, hinduistischen und buddhistischen Traditionen geprägt sind.

Zwischen 1999 und 2004 haben wir im Stadthaus Zürich eine Reihe von dokumentarischen Ausstellungen zu den grossen Weltreligionen gezeigt. Die Ausstellung «Ostkirchen in Zürich» im Stadthaus und die dazu gehörende Publikation knüpfen an diese Reihe an. Sie dokumentieren die Vielfalt der Ostkirchen auf dem Platz Zürich und machen die Geschichte dieser Religionsgemeinschaften und deren kirchliches Leben sichtbar. Das ist wichtig, weil es den Blick auf Lebens- und Glaubenswelten eröffnet, die es in Zürich gibt, die viele aber nicht kennen. Ich danke an dieser Stelle Dr. Peter Wittwer, dem Kurator der Ausstellung, und der Fotografin Vera Markus für ihr grosses Engagement und den beteiligten kirchlichen Vereinigungen für ihre Mitarbeit.

Die Ausstellung im Stadthaus Zürich stellt wenig bekannte christliche Kirchen ins Zentrum. Für die porträtierten Religionsgemeinschaften bietet die Ausstellung eine Möglichkeit, sich in der Öffentlichkeit darzustellen und mit dieser in einen Dialog zu treten. Ich hoffe, dass die Ausstellung im Stadthaus und die Publikation dazu auf grosses Interesse stossen und damit der Dialog zwischen den Religionen gefördert werden kann.

Corine Mauch
Stadtpräsidentin

# SICHTBARE PRÄSENZ

Migrantinnen und Migranten, die nach Zürich ziehen, bringen verschiedene Zugehörigkeiten mit. Viele davon sind ihnen wichtig. Sie möchten sie sich erhalten und sie können das auch. Denn Integration an einem neuen Ort soll zwar zu einer neuen Identität führen, hier derjenigen einer Zürcherin oder eines Zürchers, aber diese ersetzt die bereits vorhandenen nicht, sondern ergänzt sie. Grenzüberschreitende Mehrfachidentitäten prägen unsere globale Gesellschaft. Sie machen sie aus.

Neu an einem fremden Ort Ankommende setzen sich in der Regel nicht nur mit dem auseinander, was ihnen neu ist. Sie suchen auch das ihnen Vertraute, nach Anknüpfungspunkten und nach Menschen mit vergleichbaren Erfahrungen. Sie finden diese unter anderem in Lebensmittelabteilungen, in Vereinen, in Treffpunkten, in religiösen Gemeinschaften. Diese Orte, in denen heimatliche Bezüge und Erfahrungen gepflegt werden, können sich auf die Integration in der Aufnahmegesellschaft hemmend auswirken. Insbesondere dann, wenn es ihren Mitgliedern nicht gelingt, sich mit der Zeit zusätzliche Bezugspunkte und Freundschaften zu erschliessen.

Sie sind aber auch integrationsfördernd. Denn sie ermöglichen ein gutes Ankommen und stärken die Betroffenen für ihren Integrationsprozess. Auch sind sie Orte der Vermittlung von für die Alltagsgestaltung wichtigen Informationen. Sie bieten vielfach ein «Zuhause», manchmal nur vorübergehend, und manchmal für das ganze Leben. Der Stadt Zürich ist es deshalb ein Anliegen, dass die verschiedenen hier vertretenen Kultur- und Religionsgemeinschaften sich frei entfalten und ihre Traditionen bzw. Bekenntnisse öffentlich und sichtbar leben können. Voraussetzung dafür ist einzig, dass sie dies auf der Basis der hier geltenden Rechtsordnung tun.

Religion ist in der Stadt Zürich Privatsache. Das bedeutet unter anderem, dass die Stadt sich «nicht einmischt» und die vielen (ausserhalb der Landeskirchen) hier vertretenen religiösen Gemeinschaften auch nicht direkt unterstützt. Die Stadt weiss nicht einmal, wie viele ihrer Bewohnerinnen und Bewohner welcher Religion angehören. Die Anzahl der hier wohnenden Mitglieder der «Ostkirchen» wird beispielsweise auf circa 15 000 Personen geschätzt. Etwa ein Fünftel von ihnen sind Schweizerinnen oder Schweizer. Viele sind zugezogen, aber andere sind hier geboren. Und oft haben sie, abgesehen von der «Nähe» ihres Glaubens, nur wenig Gemeinsames. Sie sind, wie alle anderen Teile der Gesellschaft auch, in sich vielfältig.

Mit der Ausstellung «Ein Stück Himmel auf Erden» im Stadthaus und dieser begleitenden Publikation bietet sich für die Stadt Zürich die Gelegenheit, erneut einer der vielen zu unserer Gesellschaft gehörigen «Minderheiten» ein Schaufenster zu geben. Und dies in einem für die Integration bzw. für das weitere gemeinsame Zusammenleben wichtigen Form: Es findet Information statt. Es gibt wertschätzende Präsenz. Es wird Dialog ermöglicht. Und das ist gut so.

Christof Meier
Leiter Integrationsförderung Stadt Zürich

# EIN STÜCK HIMMEL AUF ERDEN

## OSTKIRCHEN IN ZÜRICH

Sechzehn christliche Gemeinden gibt es in Zürich, die weder reformiert noch römisch-katholisch sind, die ebenso wenig aus einer dieser Kirchen hervorgegangen sind und die dennoch mit uns westlichen Christen – so wie es die Konzilien von Nizäa (325) und Konstantinopel (381) lehren – zur «einen, heiligen, katholischen und apostolischen Kirche» gehören. Einwanderer sind es, die uns diese Vielfalt gebracht haben. Teilweise vor kurzem erst – wie etwa die Eritreer, teilweise schon vor Jahrzehnten – so die Griechen, die Russen, die Inder aus Kerala und viele andere.

Sind es byzantinisch-orthodoxe Christen? Gehören sie zu einer der altorientalischen Kirchen? Zählen sie sich zu einer der mit Rom unierten Gemeinschaften? Wie auch immer – sie haben uns jedenfalls reiche Geschenke mitgebracht. Etwas, das wir beim zweiten Hinsehen erst wahrnehmen: die Seele ihrer Kirchen, die Freude am Gottesdienst, ein Stück Himmel auf Erden. Durch sie wurde Zürich zu einem Ort, wo das Evangelium in allen Sprachen verkündigt und der Gottesdienst in der Vielfalt uralter Riten gefeiert wird.

Sechzehn Gemeinden aus zehn verschiedenen Patriarchaten: Ostkirchen sind es – was daran erinnert, dass sie ihre kulturellen Wurzeln im Osten des Römischen Reichs hatten, auch wenn sie heute in allen Teilen der Welt präsent sind. Sie sind sehr vielfältig und lassen sich drei Familien zuordnen, die sich in der Geschichte oft fremd geworden sind. Sechs Gemeinden gehören zu den orientalisch-orthodoxen Kirchen, sieben zu den byzantinisch-orthodoxen und drei sind mit der römischen Kirche verbunden, haben aber ihre östlichen Traditionen beibehalten.

Von den Ostkirchen geht dieselbe Einladung aus, die Jesus an die Jünger des Johannes richtete: «Kommt und seht!» (Johannes 1,39). Die Ausstellung und die vorliegende Publikation können ein Schritt auf dem Weg zur Begegnung mit Nachbarn und Mitbewohnern fremder Herkunft sein. Sie sind eingeladen, einen Blick in das Innere dieser östlichen Gemeinden zu tun. Nehmen Sie wahr, was in den Kirchen geschieht, und gehen Sie hin, es selbst zu erleben. Der Gottesdienst ist das Leben der östlichen Kirchen. In den Gebeten und Gesängen, durch die Ikonen, im Kerzenlicht und beim Duft des Weihrauchs wird etwas vom Geheimnis der Ewigkeit sichtbar. Die Liturgie ist nicht Erinnerung, sie ist reale Gegenwart des Göttlichen: ein Stück Himmel auf Erden.

Peter Wittwer

I.

# ALT ORIEN TALI SCHE

## KIRCHEN

# ALTORIENTA-LISCHE KIRCHEN

Alle Ostkirchen, von denen bis heute in Zürich Gemeinden präsent sind, teilen das Glaubensbekenntnis der Konzilien von Nizäa (325) und Konstantinopel (381): Jesus Christus ist «wahrer Gott vom wahren Gott, gezeugt, nicht geschaffen, eines Wesens mit dem Vater». Nicht alle Kirchen aber teilen die Bekenntnisse der späteren Ökumenischen Konzilien.

**DAS KONZIL VON CHALCE-DON** Von Anfang an gab es Unterschiede in der liturgischen und theologischen Tradition. Manche von ihnen gaben Anlass zu Streitigkeiten, die zu bereden und zu beheben waren. Im Anschluss an die Konzilien von Nizäa und Konstantinopel fanden auch in Ephesus (431) und in Chalcedon (451) weitere ökumenische – den ganzen bewohnten Erdkreis umfassende –, jeweils vom römischen Kaiser einberufene Konzilien statt. Bei dem vierten Ökumenischen Konzil in der Euphemia-Kirche von Chalcedon, heute der Stadtteil Kadıköy von Istanbul, wurde ausdrücklich festgehalten: Jesus Christus ist «wahrer Gott und wahrer Mensch».

**ERSTE ENTFREM-DUNGEN** Die Kirchen von Ägypten, Syrien und Armenien befanden sich geographisch am Rand des Römischen Reichs. Überwiegend aus politischen Gründen blieben sie den Konzilien fern, da sie im Einflussbereich anderer politischer Mächte standen und dem Aufruf des römischen Kaisers nicht nachkommen konnten. Da sie die Konzilsentscheidungen nicht mittrugen und weil sie die Einheit der Person Jesu Christi betonten und mit dem missverständlichen Ausdruck «eine Natur» formulierten, wurden sie oft als Monophysiten bezeichnet. Sie bezeugten denselben Glauben, aber sie taten es mit anderen Worten.

**WER IST ORTHO-DOX?** Auch die Kirchen, die sich nur den Beschlüssen der ersten drei Konzilien unterwerfen, bezeichnen sich selbst als «orthodox». Dieses griechische Wort wird meist mit «rechtgläubig» übersetzt, möglich ist auch die Übersetzung: «in rechter Weise Gott verehrend». Um sie von den anderen orthodoxen Kirchen zu unterscheiden, mit denen sie keine Kommuniongemeinschaft haben, und um das unzutreffende Wort «monophysitisch» zu vermeiden, spricht man heute von den «altorientalischen» oder den «orientalisch-orthodoxen» Kirchen.

**VERSÖH-NUNG MIT BYZANZ UND ROM** Jahrhundertelang lebten die orientalischen Kirchen je für sich. Sie hatten wenig gegenseitige Beziehungen innerhalb ihrer eigenen Kirchenfamilie, noch weniger mit den lateinischen Kirchen des Westens oder den byzantinischen Kirchen des Ostens. Durch die ökumenische Bewegung und das Zweite Vatikanische Konzil verstärkten sich die Kontakte zwischen den orientalisch-orthodoxen und den übrigen Kirchen des Ostens wie des Westens. Dabei kam es zu mehreren Einigungserklärungen zwischen der römischen und den orientalischen Kirchen. Mit der byzantinischen Orthodoxie wurde 1990 in Chambésy bei Genf eine weitgehende Übereinkunft erarbeitet. Die Gespräche werden fortgesetzt. Dabei zeigt sich: Es gibt keine theologischen Gründe mehr, die Trennung aufrechtzuerhalten. Mehr noch: Die orientalisch-orthodoxen Kirchen bringen liturgischen, theologischen und kulturellen Reichtum in die Gemeinschaft der Kirchen ein.

# IN DER SPRACHE DER PHARAONEN

## DIE KOPTISCH-ORTHODOXE KIRCHE

Warum die Kopten zuerst? Sie sind es, die als erste Christen in Zürich waren. Kopten bildeten die Thebäische Legion aus Oberägypten, die zu Beginn des 4. Jahrhunderts auf Befehl des römischen Kaisers Diokletian im Wallis stationiert war. Namen, die bekannt sind: Mauritius, Urs und Viktor, Felix und Regula, Verena. Alle Kopten, was übersetzt «Ägypter» heisst. Felix und Regula erlitten in Zürich um ihres Glaubens willen das Martyrium. Wo heute die Wasserkirche steht, wurden sie hingerichtet, am Ort des Grossmünsters wurden sie begraben.

**MIT MARKUS BEGINNT IHRE GESCHICHTE** Das christliche Ägypten führt seine Anfänge ins erste Jahrhundert zurück. Die Überlieferung nennt den Evangelisten Markus als Überbringer der frohen Botschaft nach Alexandria – Stadt der Philosophen am Mittelmeer. Hier, so wird berichtet, erlitt er den Tod als Märtyrer. Damit beginnt eine Geschichte, die noch nicht zu Ende geschrieben ist und die in tragischer Weise zu einer Geschichte der Unterdrückung und der Verfolgung geworden ist.

**VERFOLGUNGEN UND KONFLIKTE** Erste Station dieses Leidenswegs war die Christenverfolgung durch Diokletian. Als «Kalender der Märtyrer» bezeichnet die koptische Kirche heute noch ihre Zeitrechnung, die 284 mit dem Amtsantritt dieses Kaisers beginnt. Im 5. Jahrhundert kam es zu schweren Auseinandersetzungen um das Dogma über Jesus Christus. Die verschiedenen Positionen gruppierten sich um die kirchlichen und politischen Zentren der Zeit. Etwas vereinfacht lässt sich sagen: Der nicht griechischsprachige Teil der Christen Ägyptens verlor die Gemeinschaft mit den Kirchen von Rom und Konstantinopel. Weil diese Christen nicht wie das Konzil von Chalcedon von «zwei Naturen» in Christus sprechen wollten, sondern nur von einer Natur, wurden sie Monophysiten genannt. Um die Mitte des 7. Jahrhunderts eroberten muslimische Araber das Land am Nil. Bis heute sind die Kopten, als eine Minderheit zwar, in Ägypten geachtet und oft auch in führenden Positionen des öffentlichen Lebens tätig.

**WAS ERHÄLT DIE KOPTISCHE KIRCHE AM LEBEN?** Zum einen trägt das theologische Erbe die koptische Kirche. Dieses hat sich in Alexandria in den ersten Zeiten des Christentums entwickelt und weit über die Grenzen Ägyptens hinaus das Leben aller christlichen Kirchen mitbestimmt. Zum anderen prägt das starke Mönchtum das spirituelle Leben der Christen und bildet auch die Wurzel der monastischen Kultur des Abendlandes. Manches, was heute von den Christen als ihr Gemeingut angesehen wird, hat seinen Ursprung in den Klöstern Ägyptens. Und zudem: Die christliche Kirche der Ägypter erhält nicht nur die Sprache der Pharaonen lebendig, sie hat auch deren Weisheit gehütet.

**DIE KOPTEN HEUTE** Etwa 12 Millionen Kopten gehören heute zur koptischen Kirche Ägyptens, etwa 2 Millionen leben verstreut über die ganze Welt. Ihre Stärke im Bildungswesen, ihr Engagement bei der Erziehung der Jugend, ihre führenden Positionen im öffentlichen Leben, ihre

Kontakte zum Ausland – all das verhilft den Kopten in schwieriger politischer Situation zu gesellschaftlicher Anerkennung. Papst von Alexandrien ist Anba Shenouda III., 117. Patriarch auf dem Stuhl des Heiligen Markus. Der 1923 geborene Papst, seit 1971 im Amt, war einst Mönch im Kloster Dair as-Suryan im Wadi Natrun westlich des Nils. Bildungsfragen sind sein besonderes Anliegen, ebenso die Kontakte mit anderen Kirchen, und unermüdlich kümmert er sich um seine in der ganzen Welt zerstreuten Gemeinden.

## KOPTISCH-ORTHODOXE KIRCHE DER HEILIGEN MARKUS UND MAURITIUS

Mit Felix und Regula aus der Thebäischen Legion weilten im 4. Jahrhundert erstmals ägyptische Christen in Zürich. Eine koptische Gemeinde besteht aber erst seit 1962. Ihren eigenen Priester hat sie 1984 bekommen, und vor fünf Jahren erwarb sie ihr eigenes Gotteshaus am Stapfacker in Dietlikon. Priester der Gemeinde ist Abuna Isodoros El-Anba-Samuel. Er ist Mönch eines ägyptischen Wüstenklosters und lebt – wie seine Vorgänger in Zürich – bei seinen geistlichen Mitbrüdern im Kloster Einsiedeln. Etwa 120 Familien zählen sich zur Gemeinde. Neben Ägyptern sind dies auch Christen aus dem Sudan. Die Liturgie feiert Abuna Isodoros in koptischer, arabischer und deutscher Sprache. Ein weiterer Gottesdienst mit Abuna Deoskoros El-Antony aus München findet einmal monatlich in der Krypta der katholischen Kirche in Zürich-Witikon statt.

In der Koptisch-Orthodoxen Kir-
che in Dietlikon feiert Abuna Iso-
doros El-Anba-Samuel mit seiner
Gemeinde das Fest der Theo-
phanie. Der Tag erinnert an die
Taufe Jesu. Die alexandrinische
Liturgie ist eine der ältesten der
Christenheit überhaupt.

# WO MAN ZUM ERSTEN MAL VON «CHRISTEN» SPRACH

## DIE SYRISCH-ORTHODOXE KIRCHE VON ANTIOCHIA

Die Kirche von Antiochia ist – nach der von Jerusalem – die zweitälteste Kirche des Christentum. Ihre Gründung wird in der Apostelgeschichte dokumentiert. Zuerst sind es Flüchtlinge, die in Antiochia (heute Antakya in der Türkei) unter den dort lebenden Juden die Botschaft von Jesus Christus verbreiten. Wenig später entsendet die Jerusalemer Gemeinde Barnabas, einen «trefflichen Mann, erfüllt vom Heiligen Geist und von Glauben». Dieser wiederum holt Paulus nach Antiochia und wirkt dort mit ihm gemeinsam während eines Jahres. In Antiochia werden die Jünger Jesu zum ersten Mal Christen genannt (Apostelgeschichte 11,19–30).

**ARAMÄ-ISCH – DIE SPRACHE JESU** Wenn «syrisch» heute die Zugehörigkeit zum arabischen Staat Syrien bedeutet, so meinte dies damals Zugehörigkeit zu einem Volk, das Aramäer genannt wurde und sich über ein Gebiet verteilte, das sich von Palästina über Persien und Mesopotamien bis in die heutige Türkei erstreckte. In syrischen Dörfern, in denen heute noch Aramäisch gesprochen wird, ist man stolz darauf, dieselbe Sprache wie Jesus zu sprechen.

**VERLUST DER EINHEIT** Das Konzil von Chalcedon (451) spaltete die syrische Kirche. Jene syrischen Christen, welche die Beschlüsse akzeptierten und sich damit den Gesetzen des oströmischen Reiches unterwarfen, wurden Melkiten («Kaisertreue») genannt und bilden bis heute die Griechisch-Orthodoxe Kirche von Antiochia. Mit Unterstützung der Kaiserin Theodora verhalf im 6. Jahrhundert Jakob Baradai der syrischen Kirche zu ihrer heute noch intakten Organisation als selbständige Kirche. Die syrischen Christen wurden in der Folge als Jakobiten bezeichnet. Sie erlebten im 12. Jahrhundert ihre Blütezeit mit unzähligen Klöstern im Zweistromland Mesopotamien, vor allem im heute türkischen Gebiet des Tur Abdin, des «Berg der Knechte». Während des Ersten Weltkrieges erlitten beim Massaker an den Armeniern auch eine halbe Million syrischer Christen aramäischer Herkunft den Tod.

**WO ARAMÄER HEUTE ZU HAUSE SIND** Heute leben die syrischen orthodoxen Christen verteilt über die ganze Welt. Von den insgesamt 26 Eparchien (Diözesen) befinden sich noch 4 in Syrien, die übrigen im Irak, in der Türkei, im Libanon, in Jordanien und in Israel sowie auch in Europa und in Nord- und Südamerika. Auch die Syrisch-Orthodoxe Kirche von Malankar (Indien) gehört seit Mitte des 17. Jahrhunderts zum Patriarchat von Antiochia und hat den Status einer autonomen Kirche erhalten. Geistliches Oberhaupt ist Mor Ignatius Zakka I. Iwas, Patriarch von Antiochia und dem ganzen Orient, 122. Nachfolger des Apostels Petrus. Er residiert in Damaskus, während frühere Patriarchen vom Mittelalter bis in die Neuzeit in Klöstern des Tur Abdin in der heutigen Türkei ihren Sitz hatten.

## SYRISCH-ORTHODOXE KIRCHGEMEINDE ST. EPHREM

Mit fünf weiteren Gemeinden in der Schweiz gehört die Syrisch-Orthodoxe Gemeinde St. Ephrem zum Patriarchat von Antiochia mit Sitz in Damaskus. Die ihr zugehörigen 230 Familien sind grösstenteils türkischer Herkunft, kommen aber auch aus Irak, Syrien und dem Libanon. Die meisten ihrer Mitglieder wanderten in den 60er und 70er Jahren in die Schweiz ein und sind mehrheitlich längst eingebürgert. Priester der Gemeinde ist Pfarrer Markos Bahnan. Seine Muttersprache ist einerseits das Aramäische, andererseits das Arabische, die Landessprache Syriens. In den Gottesdiensten gebraucht er oft nur die aramäische, dazu auch gelegentlich die arabische und die deutsche Sprache. Die Gemeinde verfügt nicht über eigene Räumlichkeiten. In Dällikon, Suhr, Gebenstorf, Tägerwilen und Rivera hält sie ihre Gottesdienste in reformierten und katholischen Kirchen. Besonderes Anliegen von Vater Markos ist die religiöse Bildung junger Erwachsener. Bereits fünfzig Jugendliche hat er zu Diakoninnen und Diakonen ausgebildet und geweiht. Seit 1996 befindet sich in Arth das Syrisch-Orthodoxe Kloster St. Avgin. Der Vorsteher der dort lebenden Nonnen und Mönche, Mor Dionysios Isa Gürbüz, ist zugleich Erzbischof für die Schweiz und Österreich.

Zu Besuch bei seiner Zürcher Gemeinde: Mor Dionysios Isa Gürbüz, Patriarchalvikar der Syrisch-Orthodoxen Kirche für die Schweiz.

Auf vielen Stationen zwischen Tägerwilen im Thurgau und Rivera im Tessin trifft Pfarrer Markos Bahnan seine zerstreut lebende Syrisch-Orthodoxe Kirchgemeinde. Junge und alte Menschen kommen von überall her zu seinen Gottesdiensten. In seiner aramäischen Muttersprache oder im modernen Arabisch unterhält er sich mit den Leuten seiner Gemeinde.

# THOMAS-CHRISTEN AUS INDIEN

## KIRCHEN AN DER MALABARKÜSTE

Kerala an der Südwestküste Indiens ist die Heimat der Thomaschristen. Zusammen mit den römischen Katholiken bilden sie im indischen Bundesstaat eine christliche Minderheit von annähernd 20 Prozent der überwiegend hinduistischen Bevölkerung. Der Apostel Thomas persönlich – so will es die Überlieferung – habe dort die ersten Christen getauft und Gemeinden gegründet. Sein Grab im Stadtteil Mailapur von Chennai an der Koromandelküste wird bis heute verehrt.

**LEGENDE UND GE-SCHICHTE** Die Tätigkeit des Apostels Thomas in Indien wird schon in den syrischen Thomasakten, einer apokryphen (nicht dem Neuen Testament zugehörigen) Schrift aus den ersten Jahren des 3. Jahrhunderts, erwähnt. Historisch fassbar ist die Ankunft von Kaufleuten aus Persien um die Mitte des 4. Jahrhunderts, die bis heute nach ihrer Herkunftsstadt Kinayi (südlich von Bagdad) Knananiten genannt werden. Durch sie bildete sich die Kirche der Thomaschristen Indiens, die sich dem Katholikos von Seleukia-Ktesiphon am Tigris, der Hauptstadt der Assyrischen Kirche des Ostens, unterstellte. Diese Kirche war einstmals der Lehre des Nestorius gefolgt, der 431 auf dem Konzil zu Ephesus verurteilt wurde.

**VIELGE-STALTIGES ERBE** Heute sind es wenigstens acht indische Kirchen, die sich auf das Erbe des Apostels Thomas berufen. Ursache dieser Vielfalt ist die Eroberung Indiens durch die Portugiesen seit 1498 und deren Bemühen, die indische Kirche in das westliche Christentum zu integrieren. Auf der berüchtigten, durch den lateinischen Erzbischof von Goa 1599 einberufenen Synode von Diamper wurde der Bruch mit der orthodoxen Kirche dekretiert und die indische Kirche der alleinigen Jurisdiktion Roms unterstellt und auf den lateinischen Ritus verpflichtet. Verschiedene Schismen waren die Folge, so dass die Thomaschristen zu einem kleinen Teil dem lateinischen Ritus folgen, die meisten aber eigenständige Ostkirchen bilden.

**DIE MA-LANKARA SYRISCH-ORTHO-DOXE KIRCHE** 1653 wurde die Union mit Rom aufgekündigt. Zum Empfang eines Gegen-Bischofs aus Persien hatten sich 25 000 Gläubige in Kochi zusammengefunden. Da er schon vor der Zusammenkunft durch die Portugiesen ermordet worden war, leisteten sie den «Schwur vom schiefen Kreuz», nie wieder zur römischen Kirche zurückzukehren. Ihr erster, 1665 durch einen Metropoliten der Syrisch-Orthodoxen Kirche geweihter Bischof, begründet die bis heute andauernde Verbundenheit mit dem Patriarchat von Antiochia. Heute ist die Malankara Syrisch-Orthodoxe Kirche, die circa 3,5 Millionen indischer Christen umfasst, autonom. Sie anerkennt den Ehrenprimat des Patriarchen der syrischen Kirche. Ihr geistliches Oberhaupt ist Mor Baselios Thomas I., Katholikos des Ostens. Eine Minderheit dieser Kirche ist seit 1930 mit Rom uniert. Sie nennt sich Syro-Malankara Katholische Kirche, umfasst eine halbe Million Gläubige und feiert ihre Liturgie weiterhin im syrischen Ritus.

**DIE SYRO-MALA-BARISCHE KIRCHE** Papst Alexander VII. schickte 1665 zur Vermittlung den Mönchsorden der Karmeliter nach Indien. Dessen Wirken hatte die Rückkehr eines Teils der Thomaschristen in die lateinische Kirche zur Folge. So entstand die mit Rom unierte Syro-Malabarische Kirche, heute die zweitgrösste Kirche der Thomaschristen Indiens. Ihr Oberhaupt ist Grosserzbischof Varkey Vithayathil. Er residiert in Ernakulam (Kerala). Die Kirche zählt rund 4 Millionen Mitglieder. In ihrer Liturgie sind noch Spuren des alten assyrischen Ritus zu finden.

**WO BLEIBEN DIE LATEINER?** Die von den Portugiesen zum lateinischen Ritus bekehrten Christen sind weiterhin als Minderheit in Indien präsent, ebenso christliche Gemeinschaften anglikanischer Prägung aus der britischen Kolonialzeit.

I
ALTORIEN-
TALISCHE
KIRCHEN

Nimisha gehört zur zweiten Generation der unter uns lebenden Christen aus Südindien. Die Verbundenheit in ihrer Gemeinde Saint Mary ist ihr wichtig.

## MALANKARA SYRISCH-ORTHODOXE KIRCHGEMEINDE SAINT MARY

Thomaschristen aus Indien gründeten 1994 die Zürcher Gemeinde Saint Mary. Sie gehört zur Malankara Syrisch-Orthodoxen Kirche, deren Heimat Kerala im südlichen Indien ist. Rund hundert Familien in der deutschsprachigen Schweiz zählen sich zu dieser Gemeinschaft. Es sind dies vor allem Familien, die seit den 80er Jahren in der Schweiz Wohnsitz genommen haben. Einmal im Monat trifft sich die Gemeinde in der alten Kirche von Zürich-Witikon oder in Basel zum Gottesdienst und zum gesellschaftlichen Zusammensein. Der dazu aus dem Ausland angereiste Priester feiert die Qurbana (syrischer Ausdruck für die sonntägliche Liturgie) im westsyrischen Ritus und in der heimatlichen Umgangssprache Malayalam.

## ST. THOMAS SYRO-MALABARISCHE KATHOLISCHE KIRCHGEMEINDE

Die Thomaschristen dieser Gemeinschaft gehören zur mit Rom unierten Syro-Malabarischen Kirche. Diese sieht ihre Wurzeln in der alten Assyrischen Kirche des Ostens, durch die das Christentum nach Indien gebracht wurde. Etwa 300 dieser südindischen Kirche aus Kerala zugehörige Familien leben in Zürich, ebenso viele im übrigen Kantonsgebiet. Viele der Frauen sind als Krankenschwestern in die Schweiz eingereist. Bereits wächst eine zweite Generation hier auf. Die meisten haben längst das Schweizer Bürgerrecht erworben. An jedem Sonntag trifft sich die Gemeinde zum Gottesdienst in einer katholischen Kirche in Zürich, Egg oder Winterthur. An Schweizer Universitäten studierende Priester aus Kerala halten abwechselnd die Gottesdienste. Die Liturgie feiern sie gemäss dem alten ostsyrischen Ritus, der sich aber durch portugiesischen Einfluss weitgehend der römischen Liturgie angenähert hat. Die Sprachen des Gottesdienstes sind Malayalam und – gelegentlich – das alte Aramäisch.

## SYRO-MALANKARISCHE KATHOLISCHE KIRCHGEMEINDE

Die kleine Syro-Malankarische Gemeinde, zu der in der Region Zürich um die 15 Familien gehören, trifft sich an jedem ersten Sonntag des Monats zum Gottesdienst in der katholischen Herz-Jesu-Kirche in Wiedikon. Sie steht in freundschaftlicher Verbundenheit mit ihrer Malankara Syrisch-Orthodoxen Schwestergemeinde. Ihr Priester ist der indische Ordensmann Thomas Kuruvilla, der als Seelsorger für die katholische Kirche in Wetzikon tätig ist. Die indische Ordensfrau Manjusha, die in einem Kloster in Zug lebt, erteilt den Kindern vor dem Gottesdienst Religionsunterricht.

Zur Liturgie trifft sich die Malankara Syrisch-Orthodoxe Kirchgemeinde Saint Mary in der alten Kirche von Zürich-Witikon. Der aus Kerala stammende Priester Jomy Joseph feiert den Gottesdienst im alten Ritus der Syrisch-Orthodoxen Kirche von Antiochia, gebraucht aber für die Gesänge, Lesungen und Gebete die südindische Sprache Malayalam.

Die St. Thomas Syro-Malabari-sche Katholische Kirchgemeinde feiert Anfang Juli in der Erlöser-kirche im Seefeld das Fest des Apostels Thomas. Gemäss alter Überlieferung hat er Indien das Christentum gebracht. Indische Priester von überall her sind zum Fest angereist. Die Liturgie ist römisch-katholisch geprägt, lässt aber noch Spuren des assy-rischen Ritus aus dem alten Ba-bylon erkennen.

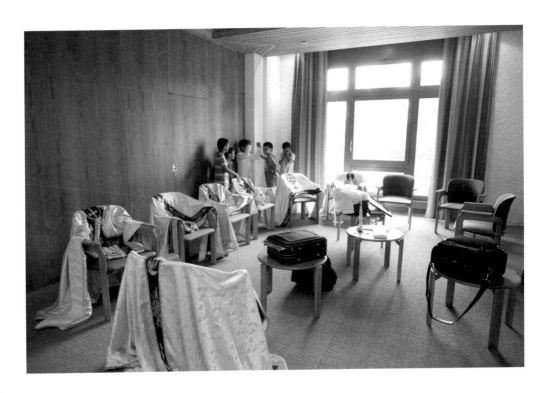

I
ALTORIEN-
TALISCHE
KIRCHEN

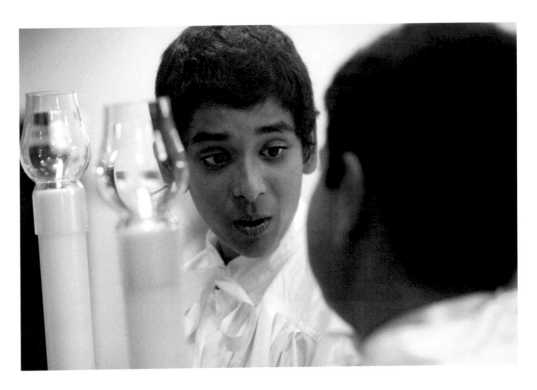

I
ALTORIEN-
TALISCHE
KIRCHEN

Die wie die Syro-Malabarische mit der Kirche von Rom verbundene Syro-Malankarische Katholische Kirchgemeinde hält ihre Gottesdienste in der Krypta der Herz-Jesu-Kirche in Wiedikon. Ihr Priester, Thomas Kuruvilla, feiert zusammen mit einem indischen Gast die Qurbana, die Göttliche Liturgie, im westsyrischen Ritus der einstigen Mutterkirche.

# DIE ARCHE NOAH AUF DEM BERG ARARAT

## DIE ARMENISCH-APOSTOLISCHE KIRCHE

Im Jahr 301 lässt König Trdat III. sich und seine Familie im Euphrat taufen und erhebt das Christentum zur Staatsreligion Armeniens. Damit ist Armenien das erste christliche Land der Welt. Am Fuss des Ararat, wo einst die Arche Noah strandete (Genesis 8,4).

**WARUM APOSTOLISCH?** Die Überlieferung schaut viel weiter zurück. Das Land am Kaukasus sei schon im 1. Jahrhundert durch die Apostel Judas Thaddäus und Bartholomäus zum Christentum bekehrt worden. Das gibt der Kirche Armeniens die Legitimation, sich an die Seite der apostolischen Patriarchate von Rom, Alexandrien und Antiochien zu stellen. Als eigentlicher Begründer der armenischen Kirche gilt Gregor der Erleuchter, der wegen seines christlichen Glaubens von König Trdat III. viele Jahre gefangen gehalten wurde. Als er den König durch ein Wunder von einer unheilbaren Krankheit befreite, nahm dieser mit seinem gesamten Hof das Christentum an. Gregor wurde erster Katholikos (Kirchenoberhaupt) – und über viele Generationen hinweg blieb dieses Amt in seiner Familie.

**AUF DER SEITE SYRIENS UND ÄGYPTENS** Nicht nur geographisch, auch kirchlich gerieten die Armenier ins Abseits. Der Kampf gegen die persischen Sassaniden hinderte sie, am Konzil von Chalcedon (451) teilzunehmen. Im Nachhinein stellten sie sich an die Seite von Syrien und Ägypten. Diese Kirchen teilten mit den Armeniern die Randlage im Römischen Reich und hatten in den Konzilsbeschlüssen zur Zwei-Naturen-Lehre ihre eigene Theologie nicht wiedererkannt. So drückten auch die Armenier weiterhin ihr Bekenntnis zur gottmenschlichen Einheit in Jesus Christus mit der ehemals rechtgläubigen Formulierung von der «einen Natur» aus.

**WIE KEIN ANDERES VOLK** Die Geschichte Armeniens ist geprägt von Unterdrückung und Verfolgung. Nur wenige Phasen wirklicher Souveränität waren diesem Land vergönnt. Die Bevölkerung musste sich gegen Römer und Byzantiner wehren, gegen die persischen Sassaniden und die osmanischen Türken. Durch den Völkermord von 1915 – initiiert durch das jungtürkische Regime in Istanbul – sind mehr als 1 Million Armenier ums Leben gekommen. Nicht zufällig ist das Kreuz (Chatschkar), als Lebenszeichen geschmückt und meist aus Stein gemeisselt, ein verbreiteter Ausdruck armenischer kirchlicher Kunst.

**70 JAHRE SOZIALISTISCHE SOWJETREPUBLIK** Auf den Völkermord folgte die Zeit, in der Armenien eine sowjetische Teilrepublik war. 1991 wurde aus dem kleinen Land im Kaukasus wieder eine unabhängige Republik. Es folgte ein wirtschaftlicher Niedergang. Über 1 Million Armenier haben ihre Heimat verlassen.

UND HEUTE? Von 9 Millionen Armeniern lebt der kleinere Teil im eigenen Land, die grosse Mehrheit zerstreut über die ganze Welt. Oberster Patriarch der armenischen Kirche ist Seine Heiligkeit Karekin II. Nersissian, 132. Katholikos aller Armenier mit Sitz in Etschmiadzin. Ein zweites Katholikat besteht in Kilikien. Die Sprache, deren Alphabet der Überlieferung nach der heilige Mesrop im Jahr 406 schuf, und der Glaube geben den Armeniern in der Diaspora ihre kulturelle Identität.

## ARMENISCH-APOSTOLISCHE KIRCHGEMEINDE SOURP SARKIS

Zusammen mit den Gemeinden Sourp Hagop in Genf und Sourp Bedros in Neuenburg gehört die Zürcher Gemeinde zur Heiligen Apostolischen und Orthodoxen Kirche von Armenien. Patron der Gemeinde ist Sourp Sarkis (der heilige Sarkis), im 4. Jahrhundert christlicher Offizier im römischen Heer. Gottesdienstsprache ist das Altarmenische. In der Schweiz leben rund 5000 Angehörige der armenischen Kirche, 2000 davon in der Deutschschweiz. Die meisten von ihnen sind Immigranten aus der Türkei, ebenso wie ihr Priester, Vater Shnork Yenovk Tchekidjian. Eine eigene Kirche in der deutschsprachigen Schweiz hat die armenische Kirche nicht. Gottesdienste finden in katholischen und reformierten Kirchen von Dübendorf, Baden, Cornaux, Kreuzlingen, Rheineck und Schaffhausen statt. 2011 wurde Archimandrit Mesrop Parsamyan als Bischofsvikar für die 1992 gegründete armenische Diözese der Schweiz eingesetzt.

I

ALTORIEN-
TALISCHE
KIRCHEN

Als einzige unter den östlichen Kirchen feiert die armenische am 6. Januar sowohl die Geburt wie auch die Taufe von Jesus. Es ist ihr Weihnachtsfest. Vater Shnork Tchekidjian ist mit seiner Gemeinde Sourp Sarkis zu Gast in der katholischen Kirche von Dübendorf. Nach der Liturgie segnet er in Erinnerung an die Taufe Jesu Wasser und heiligt es mit einem Tropfen des vom Patriarchen geweihten Myronöls.

# IM REICH DER KÖNIGIN VON SABA

## DIE KIRCHE ÄTHIOPIENS

Die Äthiopier bewohnen eines der ältesten christlichen Reiche der Welt. Sie sehen ihre Vorfahren in Menelik, dem Sohn des jüdischen Königs Salomon und der Königin von Saba, deren Name als Makeda überliefert ist. Sie wissen sich heute noch im Besitz der Bundeslade, die Menelik aus Jerusalem nach Aksum gebracht hat.

I

ALTORIEN-
TALISCHE
KIRCHEN

**JÜDISCHES ERBE** Nach dieser Tradition ist mit Menelik I. jüdisches Kulturgut schon im 10. Jahrhundert vor unserer Zeitrechnung nach Äthiopien gekommen. Gemäss anderen Überlieferungen wanderten im 6. Jahrhundert jüdische Gruppen aus Ägypten oder Südarabien ein. Wie dem auch sei – jüdisches Brauchtum wurde äthiopisches Kulturgut. Der Tabot, ein Schrein mit Nachbildungen der jüdischen Gesetzestafeln, die Beschneidung, die Beachtung des Sabbat und die Einhaltung jüdischer Speise- und Reinheitsgesetze legen noch heute davon Zeugnis ab. In ihrer Bibel kennen die Äthiopier das apokryphe Buch Henoch, das nur in der altäthiopischen Sprache Ge'ez vollständig erhalten ist. Haile Selassie, der letzte Kaiser Äthiopiens, bezeichnete sich als 225. Nachfolger des jüdischen Königs Salomon.

**WIE DAS CHRISTENTUM NACH ÄTHIOPIEN KAM** In der Apostelgeschichte (8,26–40) wird berichtet, wie das Christentum nach Äthiopien kam: Auf Geheiss eines Engels taufte der Apostel Philippus irgendwo zwischen Jerusalem und Gaza einen Kämmerer der äthiopischen Königin Kandake, der auf Pilgerfahrt in Jerusalem weilte. Als dessen Nachkommen verstehen sich die Christen Äthiopiens. Historisch gilt der syrische Sklave Frumentius als Überbringer des Christentums. Seiner griechischen Bildung wegen wirkte er als Erzieher am Hof des Königs von Aksum. Er war es, der um 328 den damaligen äthiopischen König Ezana taufte. Ihn selbst weihte 343 der koptische Erzbischof Athanasios von Alexandria zum ersten Bischof von Aksum. Das erklärt die Einbindung der äthiopischen Kirche in jene von Ägypten, ein Zustand, der bis ins 20. Jahrhundert andauerte. Die Äthiopier nennen Frumentius Abba Selama – «Vater des Friedens».

**STAATSKIRCHE VON 328 BIS 1974** Durch die Machtübernahme der Araber in den umliegenden Ländern wurde Äthiopien von der christlichen Welt abgeschottet. «Von den Feinden ihrer Religion eingeschlossen, schliefen die Äthiopier fast 1000 Jahre lang und vergassen die Welt, von der sie vergessen wurden», schrieb der englische Historiker Edward Gibbon. 1959 erhielt die Kirche Äthiopiens ihren ersten Patriarchen und wurde unabhängig von Alexandria. 1974 bewirkte eine marxistische Revolution den Sturz Kaiser Haile Selassies und die Zerschlagung des Staatskirchentums. Der riesige Landbesitz der Kirche wurde enteignet, der Patriarch ermordet, viele Christen wurden umgebracht. Einmal mehr überlebte die Kirche: 1991 wurde sie mit der Ablösung des kommunistischen Regimes durch eine laizistische Regierung wieder frei. Sie verlor die Stellung einer Staatskirche, gewann aber umso mehr das Vertrauen der Gläubigen.

## DIE GRÖSSTE DER ORIENTALISCHEN KIRCHEN

Die Äthiopisch-Orthodoxe Kirche gehörte lange zur Koptischen Kirche Ägyptens, bis der koptische Papst Yusab II. sie 1950 in die Unabhängigkeit entliess. Heute ist sie mit mehr als 30 Millionen Angehörigen die grösste Religionsgemeinschaft im Land und damit die grösste der orientalisch-orthodoxen Kirchen überhaupt. Sie nennt sich Tewahedo-Kirche. Dieser Name bedeutet «Kirche der Einheit» und bezieht sich auf die Einheit in Jesus Christus, die diese Glaubensgemeinschaft mit den anderen orientalisch-orthodoxen Kirchen bekennt. Bekannteste Pilgerstätte in Äthiopien ist Lalibela mit seinen elf Felsenkirchen aus der Zeit um 1250, die heute zum Weltkulturerbe der UNESCO gehören. Abuna Paulos ist der 5. Patriarch der äthiopischen Kirche seit 1992. Einige Gemeinden ausserhalb Äthiopiens sehen seinen zur Abdankung gezwungenen Vorgänger Merkorios als rechtmässigen Patriarchen an.

## ÄTHIOPISCH-ORTHODOXE TEWAHEDO KIRCHGEMEINDE DEBRE GENNET QIDDIST MARYAM

Die Gemeinde nennt sich «Kloster der heiligen Maria vom Paradies». Sie besteht seit 1999 und umfasst rund 140 eingeschriebene Familien. Am Sonntag trifft sie sich im Pfarreisaal der katholischen Kirche St. Anna in Opfikon. Ein- bis zweimal monatlich kommt der in Genf wirkende Priester Abba Haile Giyorgis zur Feier der Liturgie, die in der alten Kultsprache Ge'ez und in der Umgangssprache Amharisch gesungen wird.

I

ALTORIEN-
TALISCHE
KIRCHEN

Im Pfarreisaal der Kirche St. Anna in Opfikon feiert die äthiopische Gemeinde Debre Gennet Qiddist Maryam ihre sonntägliche Liturgie, die Qiddase. Erinnert dies nicht an das hebräische Wort «Kiddusch» – Bezeichnung für das jüdische Segensgebet über einen Becher mit Wein? Abba Haile Giyorgis singt und betet in der alten Sprache Ge'ez, liest und predigt aber in der Umgangssprache Amharisch.

Der Heilige auf der Ikone ist Tekle Haymanot. Er lebte von etwa
1215 bis 1313 und gilt als der
bekannteste mittelalterliche
Mönch Äthiopiens. Auf ihn geht
die Gründung des Klosters

Debre Libanos zurück. Nach
alter Überlieferung erhielt er
seine Flügel von Gott anlässlich
einer Wallfahrt nach Jerusalem.
Der Satan hatte versucht, ihn
daran zu hindern, indem er das

Seil durchschnitt, als Tekle Haymanot aus den Bergen abstieg.
Tekle Haymanot soll der salomo-
nischen Herrschaft Äthiopiens
den Weg geebnet haben.

# EINE SCHWEIGENDE KIRCHE

## DIE ERITREISCH-ORTHODOXE KIRCHE

Die jüngste der orientalischen Kirchen ist jene aus Eritrea. Ihr zugehörig sind um die 2 Millionen Christen, knapp die Hälfte der Wohnbevölkerung des Landes. Seit geraumer Zeit schon ist diese Kirche selbständig, verblieb aber unter der Jurisdiktion des Patriarchen der äthiopischen Kirche. Bis heute teilt sie deren Liturgie, deren Gottesdienstsprache Ge'ez, deren kirchliche Sitten und Gebräuche, hat sich aber vermehrt der koptischen (ägyptischen) Kirche zugewandt. Die Gründe für die Abkehr von der äthiopischen Mutterkirche sind politischer Art. Nachdem Eritrea 1993 seine staatliche Unabhängigkeit erklärt hatte, löste sich die Eritreisch-Orthodoxe Kirche aus dem Verband des äthiopischen Christentums und wurde 1998 ein selbständiges Patriarchat.

**DAS LAND IM AUSNAHMEZUSTAND** Aussenpolitisch – so deklariert es die Regierung – liegt Eritrea in permanentem Konflikt mit Äthiopien und anderen seiner Nachbarländer. So wird innenpolitisch der Ausnahmezustand begründet, aus welchem sich Eritrea bis heute nicht gelöst hat. Das erklärt auch den unbefristeten Militärdienst, zu dem jeder junge Eritreer verpflichtet ist. Opposition wird nicht geduldet, religiöse Verbände werden überwacht, die Pressefreiheit ist eingeschränkt.

**DIE ERITREISCHE TEWAHEDOKIRCHE** Zusammen mit der äthiopischen nennt sich die eritreische Kirche weiterhin Tewahedo-Kirche, «Kirche der Einheit». Zusammen mit der katholischen und der evangelischen Kirche ist die eritreische Tewahedo-Kirche zwar offiziell anerkannt, unterliegt aber der Kontrolle des Staats und ist dessen willkürlichen Eingriffen ausgesetzt.

**DIE ABSETZUNG DES PATRIARCHEN** Im Mai 2007 erfolgte die Verhaftung des eritreischen Patriarchen Antoniyos. Wegen angeblicher sittlicher Verstösse hatte er seit Anfang 2006 schon unter Hausarrest gestanden. Nur mehr liturgische Dienste wurden ihm erlaubt. Schliesslich erklärte ihn die Synode der Kirche als abgesetzt. Kurz darauf entledigten ihn Priester und Staatsbeamte in seiner Wohnung seiner patriarchalen Insignien. Wo sich der 84-jährige Kirchenmann gegenwärtig aufhält, weiss niemand.

**DIE WAHL EINES NACHFOLGERS** Auf Druck des für die Kirche zuständigen Staatsbeamten wählte die kirchliche Synode den Bischof Dioskoros von Mendefera zu ihrem neuen Oberhaupt – trotz der Regel, dass zu Lebzeiten eines Patriarchen kein Nachfolger gewählt werden darf. Entsprechend umstritten ist das neue Oberhaupt innerhalb der eritreischen Kirche. Das hat auch bei uns zur Folge, dass es in jüngster Zeit zu Spaltungen gekommen ist.

**MIT ROM UNIERT** Nicht betroffen von diesen Auseinandersetzungen sind die mit Rom vereinigten Christen Eritreas. Ihre drei in Eritrea bestehenden Eparchien (Bistümer) sind kirchenrechtlich gesehen ein Teil der Äthiopisch-Katholischen Kirchenprovinz geblieben.

## ERITREISCH-ORTHODOXE TEWAHEDO KIRCHGEMEINDE MEDHANIALEM

Medhanialem heisst «Welterlöser», Tewahedo drückt «Einheit» aus. Die eritreische ist die jüngste aller östlichen Kirchgemeinden in Zürich. Ihre Existenz ist wesentlich mit der Immigration von Flüchtlingen aus Eritrea verknüpft. Einen festen Ort für ihre Gottesdienste hat die Gemeinde nicht. Gegenwärtig findet sie Gastrecht in der reformierten Kirche von Schlieren. Seit 2009 hütet sie einen Tabot, Nachbildungen der Gesetzestafeln vom Berg Sinai. Dies kennzeichnet sie als Gemeinde und legitimiert sie, eigene Gottesdienste zu feiern. Bis 500 Eritreer und Eritreerinnen nehmen an diesen teil. Sie werden in der Kultsprache Ge'ez und in der Umgangssprache Tigrinya gesungen. Priester ist Kubron Mahray, der auch aus Eritrea flüchten musste. Die Gemeinde ist völlig mittellos. Im Verlauf der letzten Monate hat sich eine zweite Eritreisch-Orthodoxe Gemeinde gebildet, die ihre Gottesdienste in der St. Petrus-Kapelle in Embrach feiert.

## ERITREISCHE KATHOLISCHE KIRCHGEMEINDE MEDHANIALEM

Als unierte Gemeinde gehört diese eritreische Gemeinde zur römisch-katholischen Kirche. Ihr Bischof ist Abune Mengisteab Tesfamariam in Eritrea, wo etwa 140 000 Christen dieser Kirche angehören. Wie in der orthodoxen Schwestergemeinde sind die in Zürich lebenden Kirchenmitglieder fast durchweg Flüchtlinge. Anfang 2003 fanden sich orthodoxe und katholische Eritreer gemeinsam in einer kirchlichen Gemeinschaft zusammen, die bis heute Gastrecht in der Krypta der katholischen Guthirtkirche in Zürich-Wipkingen hat. 2007 trennten sich die orthodoxen Eritreer von ihren katholischen Partnern und bildeten eine eigene Gemeinde. Für den Gottesdienst der katholischen Eritreer reist monatlich ein Priester aus Mailand oder Rom an.

Die Eritreisch-Orthodoxe Tewahedo Kirchgemeinde Medhanialem hat Gastrecht in der reformierten Kirche von Schlieren.
Die Frauen tragen Schleier, die
Kirche betritt man ohne Schuhe.
Uns fremd anmutende Gesänge
und Trommelklänge begleiten
den Gottesdienst.

Die Kirchgemeinde Medhanialem der katholischen Eritreer
trifft sich schon seit 2003 in der
Krypta der Guthirtkirche in Wip-
kingen. Einmal pro Monat kommt
dazu ein Priester – auf dem Bild
ist es Abba Kidane Berhane aus
Mailand. Er feiert den Gottesdienst in Ritus und Sprache der
Äthiopier, benützt aber auch die
eritreische Umgangssprache Tigrinya.

# II.

## DIE

### BYZANTINISCHE

# OR-
# THO-
# DOXE

## KIRCHE

# DIE BYZANTI-NISCHE ORTHODOXE KIRCHE

Der römische Kaiser Konstantin verlegte im Jahr 330 die Hauptstadt des Römischen Reichs in die griechische Siedlung Byzantion. Sie erhielt den Namen Konstantinopel. Das Konzil von 381 legte fest: «Der Bischof von Konstantinopel hat den Vorrang der Ehre nach dem Bischof von Rom, denn Konstantinopel ist das Neue Rom.» Der Patriarch von Konstantinopel hat bis heute den Ehrenprimat in der byzantinisch-orthodoxen Kirchenfamilie. Alle byzantinisch-orthodoxen Christen sind Mitglieder ein und derselben Kriche, die sich die Orthodoxe Kirche nennt. Sie unterstehen in der Regel ihrer Mutterkirche im Herkunftsland. So präsentiert sich diese Kirche als Vielzahl von einzelnen nationalen Kirchen. Ihre kulturelle, sprachliche, geographische und geschichtliche Vielfalt wird getragen durch dasselbe apostolische Glaubensbekenntnis, dasselbe gottesdienstliche Leben, dieselbe Kirchenordnung.

**WAS HEISST ORTHODOX?** Übersetzt man orthodox, so wählt man als deutsches Synonym «rechtgläubig». In dieser Grundbedeutung wird das Wort heute verwendet. Orthodoxie kann auch als der «richtige Lobpreis» verstanden werden und den wahren Gottesdienst zur Verherrlichung Gottes meinen.

**DIE PATRIARCHATE** In der frühen Christenheit bestanden fünf kirchliche Hauptsitze: Rom, Konstantinopel, Alexandrien, Antiochia, Jerusalem. Aus orthodoxer Sicht hat sich Rom – wie schon die orientalisch-orthoxen Kirchen – von dieser «Pentarchie» losgelöst, und Konstantinopel behielt den Ehrenprimat über die verbleibenden vier alten Patriarchate sowie die später entstandenen selbständigen Kirchen. In Unterscheidung zu den altorientalischen Kirchen bezeichnet man die Familie dieser Kirchen darum auch als byzantinisch-orthodoxe Kirche.

**DIE ENTFREMDUNG VON OST UND WEST** Der Riss zwischen Rom und Konstantinopel wird meist im Schisma von 1054 gesehen, als der Patriarch von Konstantinopel und der Legat des römischen Papsts sich gegenseitig exkommunizierten, nicht aber die jeweils andere Kirche. Wichtigere Daten und Ereignisse für die Entfremdung zwischen Ost und West sind die Kaiserkrönung Karls des Grossen im Jahr 800, die als Abspaltung vom Römischen Reich und seinem Kaiser in Konstantinopel und zugleich als Kirchenspaltung angesehen wurde, die Einnahme von Konstantinopel durch die Kreuzfahrer 1204, das Scheitern der Unionskonzilien in Lyon (1274) und in Ferrara-Florenz (1438/39) wie auch die Definition des päpstlichen Primats beim Ersten Vatikanischen Konzil (1870).

**DAS ÖKUMENISCHE PATRIARCHAT UND SEINE TÖCHTER** 1453 fiel Konstantinopel unter osmanische Herrschaft. Der Patriarch von Konstantinopel wurde Oberhaupt aller byzantinischen Christen im osmanischen Reich. Die einheitsstiftende Kraft des christlichen Kaisers, der bislang die Konzilien einberufen hatte, fehlte von nun an. So verselbständigten sich einzelne Kirchen. Heute bilden je nach Zählweise vierzehn oder fünfzehn selbständige Kirchen die Gemeinschaft der byzantinischen Orthodoxie. In Zürich sind sie durch sieben Gemeinschaften aus vier Patriarchaten präsent: Konstantinopel, Moskau, Belgrad und Bukarest.

II
BYZAN-
TINISCHE
ORTHODOXE
KIRCHE

II
BYZAN-
TINISCHE
ORTHODOXE
KIRCHE

# IM «NEUEN ROM»

## DAS ÖKUMENISCHE PATRIARCHAT VON KONSTANTINOPEL

Der Patriarch von Konstantinopel bezeichnet sich als ökumenisch. Dem Wortsinn nach meint Ökumene den «ganzen bewohnten Erdkreis». Christen übernahmen dieses Wort, um die Bedeutung ihres Glaubens für die ganze Welt auszudrücken. Deshalb bezeichneten sie auch ihre Konzilien als ökumenisch. Nach dem Ende des Römischen Reichs erhielt der Patriarch von Konstantinopel für die byzantinisch-orthodoxen Kirchen jene Einigungsfunktion, die bislang der Kaiser ausgeübt hatte. Seine Stellung lässt sich nicht mit der des römischen Papsts vergleichen: Er ist «primus inter pares» – Leitungsautorität hat er nur innerhalb des eigenen Patriarchats.

**DIE ORTHODOXE KIRCHE VON GRIECHENLAND**

Das Neue Rom hat starke politische Veränderungen erlebt. Nach dem Ende des griechisch-türkischen Kriegs 1922/23 verliessen fast 2 Millionen Griechen türkisches Gebiet. Konstantinopel wurde in Istanbul umbenannt. 1833 entstand der Staat Griechenland, und im selben Jahr erklärte sich die orthodoxe Kirche dieses Landes als autokephal. Oberhaupt der Kirche ist der Erzbischof von Athen und ganz Griechenland. Wenige Jahre später erkannte das Patriarchat von Konstantinopel diese Unabhängigkeit an. Die griechischen Gemeinden in der Diaspora hingegen verblieben beim Ökumenischen Patriarchat, ebenso wie auch die Gemeinden der Inseln Kreta und Patmos, des Dodekanes und der Mönchsrepublik auf dem Berg Athos.

**GEMEINDEN ANDERER HERKUNFT IM PATRIARCHAT VON KONSTANTINOPEL**

Neben den Diözesen der Griechen im Ausland haben sich weitere orthodoxe Gemeinden aus verschiedenen Herkunftsländern dem Patriarchat von Konstantinopel angeschlossen. Oft liegt der Grund in politischen Gegebenheiten, die eine Verbindung mit der Mutterkirche erschweren. So gehört etwa die Gemeinde der Freien Rumänen, die während des rumänischen Ceaușescu-Regimes 1979 im aargauischen Baden entstanden ist, zur Schweizer Metropolie des Ökumenischen Patriarchats von Konstantinopel.

**270. NACHFOLGER DES APOSTELS ANDREAS**

Bartholomaios I., Erzbischof von Konstantinopel und Ökumenischer Patriarch, hat seinen Sitz im Stadtteil Fener des heutigen Istanbul. Seine Allheiligkeit, wie er angesprochen wird, ist ein in der gesamten Christenheit geachteter Mann, ebenso ein weitsichtiger Gesprächspartner im Dialog der Religionen.

## GRIECHISCH-ORTHODOXE KIRCHGEMEINDE AGIOS DIMITRIOS

5000 orthodoxe Griechen leben in Zürich und Umgebung, sagt Erzpriester Emmanuel Simandirakis. Sie alle seien durch ihre Taufe Mitglieder seiner Kirche. Er selbst lebt seit 1967 in Zürich und ist damit der amtsälteste Pfarrer aller östlichen Kirchen dieser Stadt. Seine Gemeinde besitzt die einzige orthodoxe Kirche, die von Grund auf als solche erbaut wurde. Sie befindet sich oberhalb des rechten Limmatufers, seitlich der Kornhausbrücke gelegen. Ihr Patron ist der heilige Dimitrios, ein im Osten sehr verehrter Märtyrer des frühen Christentums. Gebaut werden konnte die Kirche, weil Panagiotis Angelopoulos ihren Bau finanzierte und weil die Stadt Zürich das Land an günstiger Lage verkaufte. 1995 wurde die Kirche durch den Ökumenischen Patriarchen Bartholomaios geweiht. In ihrem Inneren ist sie ein eindrücklich gestaltetes Gotteshaus. Die wunderbaren Kuppelfresken malte der Abt des Johannesklosters auf Patmos, Archimandrit Amphilochios. Die Zürcher Gemeinde gehört zur Metropolie Schweiz des Patriarchats von Konstantinopel mit Sitz in Chambésy bei Genf. Deren Vorsteher ist Metropolit Jérémie Kaligiorgis.

## ORTHODOXE KIRCHGEMEINDE RUMÄNISCHER SPRACHE

Mehrere Familien weitgehend rumänischer Herkunft bilden diese Gemeinde, die sich dem Patriarchat von Konstantinopel zugehörig weiss. In Baden existiert eine Gemeinde seit 1979, unabhängig von der Rumänisch-Orthodoxen Kirche im damals kommunistisch beherrschten Staat entstanden. Seit 2008 besteht die Sfintul Dumitru geweihte Gemeinde nun auch in Zürich. Sie ist dem Metropoliten Jérémie in Chambésy bei Genf unterstellt, der seinerseits das Ökumenische Patriarchat von Konstantinopel repräsentiert. Monatlich zweimal hält der Priester Valentin Puricel Bassarabescu Gottesdienst in der reformierten Kirche von Höngg. Geplant ist eine Schule für Deutschunterricht, die zur Integration orthodoxer Einwanderer beitragen soll.

II
BYZAN-
TINISCHE
ORTHODOXE
KIRCHE

Die Griechisch-Orthodoxe Gemeinde besitzt als einzige ein
von Grund auf als orthodoxe Kirche erbautes Gotteshaus. Ende
Oktober erinnert sie sich ihres
Kirchenpatrons, des heiligen Dimitrios. Zusammen mit seinem
Bischofsvikar feiert Pfarrer Emmanuel Simandirakis die Göttliche Liturgie. Das Symbol des
Kreuzes ist dabei allgegenwärtig.

II
BYZAN-
TINISCHE
ORTHODOXE
KIRCHE

Zu ihren Gottesdiensten trifft sich die Orthodoxe Kirchgemeinde Rumänischer Sprache in der reformierten Kirche von Höngg. Sie hat – wie die Griechisch-Orthodoxe Kirchgemeinde – den heiligen Demetrios als ihren Patron erwählt. Ehrengast an der Feier des Namenspatrons ist

Metropolit Jérémie aus Chambésy bei Genf, Exarch des Ökumenischen Patriarchats von Konstantinopel. Nach der Feier empfängt Pfarrer Valentin Puricel Bassarabescu die Gäste und die Gemeindemitglieder im Kirchgemeindehaus von Höngg.

# DAS «DRITTE ROM»

## DIE RUSSISCH-ORTHODOXE KIRCHE

Nach alter Überlieferung beginnt die Geschichte der russischen Kirche im Jahr 988. In Kiew lässt Grossfürst Wladimir sich und sein Volk im Dnjepr taufen. Das Kiewer Reich wird Teil der Orthodoxen Kirche von Konstantinopel. Dorthin entsandte Boten berichten tief bewegt von der Schönheit der Liturgie in der Hagia Sophia. Wladimirs Grossmutter Olga hatte schon zuvor den christlichen Glauben angenommen.

II
BYZAN-
TINISCHE
ORTHODOXE
KIRCHE

«Und so kamen wir zu den Griechen, und sie führten uns dahin, wo sie ihrem Gott dienen, und wir wissen nicht: Waren wir im Himmel oder auf der Erde. Denn auf Erden gibt es einen solchen Anblick nicht oder eine solche Schönheit. Und wir vermögen es nicht zu beschreiben. Nur das wissen wir, dass dort Gott bei den Menschen weilt. Und ihr Gottesdienst ist besser als der aller anderen Länder. Wir aber können jene Schönheit nicht vergessen. Denn jeder Mensch, wenn er von Süssem gekostet hat, nimmt danach Bitteres nicht an.»

Aus der
Nestor-Chronik
12. Jh.

DIE TAUFE DER KIEWER RUS'  Nach der «Taufe Russlands» entstehen Bischofssitze. Wladimirs Söhne Boris und Gleb werden heiliggesprochen, nachdem sie im Machtkampf um die Nachfolge ihres Vaters durch ihren eigenen Bruder ermordet worden sind. Im Kiewer Höhlenkloster entsteht

das russische Mönchtum. Die durch die Slawenapostel Kyrill und Method bereits in die slawische Sprache übersetzten biblischen und liturgischen Bücher dienen einer raschen Verbreitung des Christentums.

VON KIEW NACH MOSKAU  Nach der Zerstörung Kiews durch die Mongolen (1240) bildet sich Moskau als neues kirchliches Zentrum heraus. 1448 kommt es zum Bruch zwischen Moskau und Konstantinopel, da die russische Kirche die Beschlüsse des Konzils von Ferrara-Florenz (1438/39) nicht annehmen will. Nachdem 1453 Konstantinopel von den Osmanen erobert worden ist, beginnt man in Russland von Moskau als dem «Dritten Rom» zu sprechen und übernimmt die Verantwortung, die Tradition des orthodoxen Christentums und der römischen Kultur fortzuführen. 1589 wird das Moskauer Patriarchat errichtet.

EIGEN-STÄNDIGE KULTUR  Die Russische Kirche entwickelt einen eigenen Stil in Ikonographie, Architektur, Theologie und Spiritualität. Als Patriarch Nikon im 17. Jahrhundert einige Bräuche wieder stärker der griechischen Tradition anpassen will, spalten sich die Altgläubigen ab. 1721 ersetzt Zar Peter der Grosse den Patriarchen nach westlich-reformiertem Muster durch einen Heiligen Synod, der die Kirche als Teil der Staatsverwaltung regiert. Im 19. Jahrhundert entsteht eine Erneuerungsbewegung auf einem hohen theologischen, religionsphilosophischen und literarischen Niveau.

KIRCHE DER MÄRTYRER  1917 kann inmitten der Wirren der Oktoberrevolution das Patriarchat wieder errichtet werden. Die Trennung von Staat und Kirche wird unmittelbar durch eine Welle staatlicher Verfolgungen beantwortet. Die Russisch-Orthodoxe Kirche trägt die volle Last der Verfolgung. Die russische Kommission zur

Rehabilitierung der Opfer politischer Repressionen legte 1995 einen Bericht vor, wonach zwischen 1917 und 1980 200 000 Mitglieder des Klerus umgebracht und 500 000 weitere inhaftiert oder deportiert worden sind, ausserdem auch zahllose Ordensleute und gläubige Laien. Die Zahl der Kirchen und Klöster sank auf 10 Prozent des Stands vor der Revolution. Seit der 1986 eingeleiteten Perestroika leistet die Russisch-Orthodoxe Kirche eine immense Aufbauarbeit.

## DIE RUSSISCHE KIRCHE HEUTE

Geistliches Oberhaupt der Russisch-Orthodoxen Kirche ist seit 2009 Kirill I., 16. Patriarch von Moskau. Er leitet die grösste Kirche der Orthodoxie mit etwa 100 Millionen Gläubigen. Geprägt von den eigenen Erfahrungen während der Verfolgungszeit, engagiert er sich für die Einheit der Kirche und für eine Verkündigung des Evangeliums im sozialen Kontext. Das im Jahr 2000 vom Moskauer Bischofskonzil verabschiedete Dokument «Grundlagen der Sozialkonzeption der Russisch-Orthodoxen Kirche» geht wesentlich auf seine Inspiration zurück.

## RUSSISCH-ORTHODOXE AUFERSTEHUNGSKIRCHE

Die Zürcher Russisch-Orthodoxe Auferstehungsgemeinde ist seit 1936 im Stadtzürcher Quartier Oberstrass beheimatet. Ihr jetziges Gotteshaus an der Narzissenstrasse, seit 2002 im Besitz der Gemeinde, war früher eine Kapelle der Chrischona-Freikirche. Christen aus Russland, ebenso auch aus Bulgarien, der Ukraine, Georgien, Belarus und anderen Nachfolgestaaten der Sowjetunion haben hier ihren kirchlichen Treffpunkt. Dem langjährigen Gemeindeleiter Oleg Batov folgte vor einem Jahr Erzpriester Johannes Lapidus. Am 27. November 2011 feiert die Russisch-Orthodoxe Gemeinde ihr 75-Jahr-Jubiläum.

## RUSSISCH-ORTHODOXE KIRCHGEMEINDE HL. POKROV

Pokrov bedeutet «Schutzmantel». Gemeint ist der Mantel der Gottesmutter Maria, den diese immer wieder über Städte und Völker ausgebreitet und sie damit vor feindlichen Angriffen gerettet hat. Die Überlieferung erzählt von Marienerscheinungen in der Blachernenkirche von Konstantinopel, wo seit dem 10. Jahrhundert der Mantel von Maria sowie eine durch den Evangelisten Lukas gemalte Marienikone aufbewahrt werden. Die Zürcher Gemeinde Pokrov ist seit ihrer Gründung 1933 eingemietet in das Untergeschoss eines Hauses an der Haldenbachstrasse. Damit ist sie die älteste der in Zürich niedergelassenen orthodoxen Gemeinden. Ihr Priester ist Vater Peter Sturm. Sie gehört zur Russischen Kirche im Ausland. Unabhängig vom Moskauer Patriarchat ist diese in der Zeit der russischen Oktoberrevolution und des Bürgerkriegs in den 20er Jahren des letzten Jahrhunderts entstanden, nun aber seit 2007 wieder vereint mit ihrer Mutterkirche. Ihre Eigenständigkeit aber hat sie beibehalten. Sie gehört zur Eparchie Genf und Westeuropa, deren Bischof Michail in Genf residiert.

Zusammen mit ihrem Bischof
Michail aus Genf begeht die Russisch-Orthodoxe Kirchgemeinde Hl. Pokrov in ihrem Zentrum
an der Haldenbachstrasse 2 das
Fest des Pokrov, des Schutzman-
tels Marias.

II
BYZAN-
TINISCHE
ORTHODOXE
KIRCHE

In der Russisch-Orthodoxen Auferstehungskirche begrüsst Vater
Johannes Lapidus seine Gemeinde zur sonntäglichen Liturgie.

Ein Gottesdienst voller Bewegung. Die Gläubigen entzünden
Kerzen, beten vor Ikonen, ver-
neigen sich vor Gott.

II
BYZAN-
TINISCHE
ORTHODOXE
KIRCHE

# SAVA – DER MÖNCH VOM BERG ATHOS

## DIE SERBISCH-ORTHODOXE KIRCHE

Die serbische Kirche sieht ihre Anfänge beim heiligen Sava, als junger Mann Mönch auf dem Berg Athos. Er war ein Sohn jenes Grossfürsten, der Serbien im 12. Jahrhundert in die Unabhängigkeit führte. Zurück in seiner Heimat, organisierte Sava die serbische Kirche. Der damals im Exil in Nizäa lebende Patriarch von Konstantinopel, Manuel I. Charitopoulos, weihte ihn 1219 zum Erzbischof und erklärte das serbische Erzbistum als autokephal. Bis heute wird Sava als Nationalheiliger geehrt.

### MISSION VON OST UND WEST

Seit dem 7. Jahrhundert hatten christliche Missionare aus Rom, im 9. Jahrhundert die heiligen Kyrill und Method aus Thessaloniki die Region missioniert. Die Lage der Region an der Grenze zwischen Ost und West spiegelt sich noch heute wider: Die Serben, die Bulgaren und die Mazedonier sind östliche Christen, die Kroaten und die Slowenen gehören überwiegend zur westlichen Kirche.

### DAS PATRIARCHAT VON PEĆ

Von 1346 bis 1459 und von 1557 bis 1766 gab es ein Serbisches Patriarchat im Kloster Peć im heutigen Kosovo. Der serbische König Stefan Dušan Nemanjić hatte die Einrichtung des Patriarchats verfügt, weil er sich in der Nachfolge der byzantinischen Kaiser sah. Nach der verlorenen Schlacht auf dem Amselfeld geriet Serbien 1389 in zunehmende Abhängigkeit vom osmanischen Reich. 1459 wurde Serbien von den Osmanen erobert, und die Kirche gehörte für einige Zeit wiederum zum Patriarchat von Konstantinopel.

### DIE METROPOLIE VON SREMSKI KARLOVCI

Mit dem langsamen Zerfall des osmanischen Reichs seit dem 18. Jahrhundert lösten sich viele Serben aus dessen Herrschaftsbereich und bauten auf habsburgisch-ungarischem Gebiet neue kirchliche Strukturen auf. Der Metropolit von Sremski Karlovci in der Vojvodina (heute Serbien) wurde zuständig für die Orthodoxen der Vojvodina, in Slawonien und Südungarn im Reich der Habsburger.

### DAS PATRIARCHAT VON BELGRAD

Erst 1920 entstand das heutige Patriarchat von Belgrad. Aus dem Königreich Serbien des 19. Jahrhunderts war mittlerweile das Königreich der Serben, Kroaten und Slowenen geworden. Neben der orthodoxen Mehrheit in Serbien gab es fortan in allen Gebieten auch orthodoxe Minderheiten. Während des Zweiten Weltkriegs war die serbische Kirche einer starken Verfolgung ausgesetzt. Unzählige Priester wurden umgebracht und grosse Teile der kirchlichen Besitztümer gingen verloren. Im kommunistischen Jugoslawien der Nachkriegsjahre konnte die Kirche zwar ihr gottesdienstliches Leben aufrechterhalten, durfte jedoch weder im sozialen noch im schulischen Bereich tätig sein.

### IN NEUSTER ZEIT

Die Balkankriege der 90er Jahre haben im Ausland sowohl die politische wie auch die kirchliche Führung in Misskredit gebracht. Der damalige Patriarch Pavle stellte sich zwar deutlich gegen Krieg und Gewalt, es fehlten ihm aber die Mittel zur politischen Einflussnahme. Nach dem Ende des Kosovo-Kriegs 1999 vermochten die NATO-Truppen die Zerstörung zahlreicher Kirchen und Klöster der Serbisch-Orthodoxen Kirche nicht zu verhindern. Heute zählt das Patriarchat von Belgrad rund 9 Millionen Mitglieder und betreut zahlreiche Migranten in aller Welt.

## SERBISCH-ORTHODOXE KIRCHGEMEINDE DER HEILIGEN DREIFALTIGKEIT

Die Gemeinde besteht seit 1969, verfügt aber erst seit 2001 über ein Gotteshaus in der ehemals christkatholischen Elisabethenkirche im Zürcher Quartier Wiedikon. Gemeinderäumlichkeiten stehen ihr zudem im alten Kirchgemeindehaus Neumünster zur Verfügung. Seit ihrer Gründung und bis zum Jahr 2000 war ihr Vorsteher der Erzpriester Draško Todorović, ad interim steht gegenwärtig Archimandrit Kosma Büchl der Gemeinde vor.

## SERBISCH-ORTHODOXE PFARREI MARIA ENTSCHLAFEN

Seit 2006 hat die Gemeinde ihre eigene Kirche am Glattstegweg in Zürich-Schwamendingen, erworben von der neuapostolischen Gemeinschaft. Durch die Ikonen im Inneren – von Erzpriester Miroslav Simijonović gemalt und noch nicht vollendet – entstand und entsteht ein schönes und authentisches orthodoxes Gotteshaus, geweiht dem höchsten Marienfest «Maria Entschlafen». Die Kirchgemeinde ist mit gegen 7000 Mitgliedern wohl die grösste ostkirchliche Gemeinschaft in Zürich. Ihr Einzugsgebiet sind die Kantone Zürich und Schaffhausen, sowie Teile des Kantons Aargau. Miroslav Simijonović hat an der Universität Fribourg sein theologisches Doktorat erworben, der Priester Branimir Petković ist in Zürich aufgewachsen und hat hier die Grundschulen besucht. Der brillante Bogorodicin-Chor gibt der Liturgie ihre Festlichkeit.

Wo früher christkatholische Gottesdienste gefeiert wurden, ist
jetzt die Serbisch-Orthodoxe
Kirchgemeinde der Heiligen
Dreifaltigkeit beheimatet. Wän-
de und Decke wurden mit wun-
derschönen Ikonen bemalt, eine
prächtige Ikonostase verbindet
Kirchenschiff und Altarraum.

II
BYZAN-
TINISCHE
ORTHODOXE
KIRCHE

Die Serbisch-Orthodoxe Pfarrei Maria Entschlafen in Schwamendingen hat sich zum Fest der Gottesmutter versammelt. Noch ist sie dabei, dem Inneren wie dem Äusseren der Kirche das Gesicht eines orthodoxen Gotteshauses zu geben. Vorn in der Kirche steht die von Erzpriester Miroslav Simijonović gemalte Christusikone für die Kuppel bereit.

II
BYZAN-
TINISCHE
ORTHODOXE
KIRCHE

# WO DIE DONAU IN DAS SCHWARZE MEER MÜNDET

## DIE RUMÄNISCH-ORTHODOXE KIRCHE

Die Rumänisch-Orthodoxe Kirche ist die einzige orthodoxe Kirche im romanischen Kulturraum. Mit der lateinischen Sprache kam im 3. Jahrhundert auch das lateinische Christentum in das Gebiet des heutigen Rumänien, später überwogen slawische und griechische Einflüsse. 1859 befreiten sich die Moldau und die Walachei endgültig von den Osmanen. In der Folge entstanden das Land Rumänien und eine eigenständige Kirche, der Konstantinopel 1885 die Autokephalie gewährte. 1925 ging daraus das Rumänische Patriarchat hervor.

**URALTE CHRISTLICHE WURZELN** Die Anfänge des Christentums in Rumänien waren teils westlich-lateinisch, teils griechisch-östlich. Früh schon wurde der Glaube in die griechischen Kolonien an der Schwarzmeerküste getragen, die sich der byzantinischen Tradition anschlossen. Der Überlieferung nach predigte der Apostel Andreas in Skythien, der heutigen Dobrudscha. Hierhin brachten zu Beginn des 2. Jahrhunderts Soldaten des römischen Kaisers Trajan den Glauben mit. Ebenso steht fest, dass bei allen Ökumenischen Konzilien ab 325 der Bischof aus Constanța mit dabei war. Rumänien nennt kein festes Datum seiner Christianisierung. Es identifiziert aber seine eigenen Ursprünge mit der Verbreitung des christlichen Glaubens in den Gebieten des heutigen Rumänien.

**WECHSELNDE LITURGIESPRACHEN** Mehrfach wechselte Rumänien seine Liturgiesprache: Das römische Heer brachte das Latein, die Städte in der Dobrudscha brachten das Griechische, der Einfluss der Bulgaren brachte das Slawische – bis im 17. Jahrhundert das Rumänische als Sprache der Liturgie den Vorrang erhielt.

**DAS LAND RUMÄNIEN** Rumänien ist ein junges Land – und jung ist auch das Orthodoxe Patriarchat Rumäniens. 1861 wurde in der Folge des Zusammenschlusses der Walachei und der Moldau das Fürstentum Rumänien ausgerufen, 1881 das Königreich Rumänien. Nach dem Ersten Weltkrieg vergrösserte sich Rumänien erheblich durch die Eingliederung von Siebenbürgen, Bessarabien und der Bukowina und wurde von einem relativ einheitlichen Nationalstaat zu einem Vielvölkerstaat. Die Metropolie mit Sitz in Bukarest wurde 1925 zu einem eigenen Patriarchat erhoben.

**UNTER KOMMUNISTISCHER HERRSCHAFT** Die Zeit zwischen dem Ende des Zweiten Weltkriegs bis zum Zusammenbruch des Kommunismus und dem Sturz von Ceauşescu 1989 war auch für die rumänische Kirche eine Zeit der Restriktionen und der Verfolgungen. Dennoch ging das kirchliche Leben nicht unter. Viele Klöster, Hochschulen, Priesterseminare überlebten, die Zahl der Gläubigen ging nicht wesentlich zurück. Rumänien ist darum unter den ehemals kommunistisch beherrschten Staaten jenes Land, das wohl am schnellsten wieder in die gewachsenen Strukturen des religiösen Lebens zurückgefunden hat.

## RUMÄNIENS KIRCHE HEUTE

Wer von Rumäniens Kirche spricht, erinnert sich an die Moldauklöster. Acht Kirchen und Klöster wurden ins Weltkulturerbe der UNESCO aufgenommen. Die Wissenschaft denkt an Dumitru Staniloae, einen der grossen Theologen des 20. Jahrhunderts. Der Papstbesuch in Rumänien mit dem Ruf der Gläubigen nach Einheit – «unitate, unitate» – bleibt unvergessen. Mit ihren zirka 18 Millionen Gläubigen ist Rumäniens Kirche die zweitgrösste der byzantinischen Orthodoxie. Ihr 6. Oberhaupt ist Daniel I. Ciobotea, Erzbischof von Bukarest, Metropolit der Ungro-Walachei und Patriarch von Rumänien. Er gehört dem Präsidium der Konferenz Europäischer Kirchen an. 2007 lud er zur 3. Europäischen Ökumenischen Versammlung in Hermannstadt/Sibiu (Siebenbürgen) ein.

## RUMÄNISCH-ORTHODOXE KIRCHGEMEINDE HL. NIKOLAUS

Rund 400 Familien in der deutschsprachigen Schweiz bilden seit 2001 diese Gemeinde. Sie stammen aus Rumänien und Moldawien, aber auch aus den rumänischsprachigen Gebieten Serbiens und aus Deutschland. Auffallend viele junge Menschen sind darunter anzutreffen, viele Akademiker auch, manche von ihnen in binationalen Ehen lebend. Noch hat die Gemeinde keine eigene Kirche, aber sie geniesst Gastrecht in der Krypta der römisch-katholischen Pfarrei St. Katharina in Zürich-Affoltern. Die liturgische Sprache ist das Rumänische, aber immer auch wendet sich der Priester Romică Enoiu auf Deutsch an seine Gemeinde.

II
BYZANTINISCHE
ORTHODOXE
KIRCHE

II
BYZAN-
TINISCHE
ORTHODOXE
KIRCHE

Die Rumänisch-Orthodoxe Kirchgemeinde Hl. Nikolaus ehrt ihren Patron in der Krypta der katholischen Kirche von Zürich-Affoltern. Ihr Priester Romicã Enoiu liest aus den Schriften und predigt in rumänischer und deutscher Sprache. Eindrückliche Gesänge prägen die Liturgie. Eigens zum Festtag ist Bischof Marc aus Frankreich angereist. Kinder nehmen seit ihrer Taufe teil an der Kommunion, die ihnen als Brot und Wein gereicht wird.

# III.

# GÖTTLICHE

# LI-
# TUR-
# GIE

# DAS HERZ ORTHODOXEN LEBENS

## DIE GÖTTLICHE LITURGIE

Orthodoxie, übersetzt «richtiger Glaube, richtige Lehre», bedeutet auch richtige Ehrerbietung, rechter Dank, rechter Lobpreis. Glaubenslehre, liturgische Feier und christliche Lebensform stehen in enger Beziehung zueinander. Mittelpunkt orthodoxen Lebens ist die Göttliche Liturgie, das gemeinsame Beten, Danken und Feiern.

**DER HIMMEL AUF ERDEN** Im orthodoxen Gottesdienst wird der Einbruch der Ewigkeit in die Zeit erfahren, wird eine Atmosphäre der Heiligkeit spürbar, kommt der Himmel auf die Erde. Ein wertvolles Erbe der Antike ist durchtränkt von der höchsten christlichen Inspiration: Der Glanz göttlicher Herrlichkeit verbindet sich mit der Schönheit dieser Welt. Diese Schönheit beschränkt sich nicht auf emotionale Ästhetik, sie schliesst die Herrlichkeit der Überwindung des Todes am Kreuz mit ein. Von diesem nüchternen Realismus spricht der russische Schriftsteller Dostojewskij, wenn er schreibt: «Die Schönheit wird die Welt erlösen.» Orthodoxie will den Menschen Gott fühlen lassen, sie will seinen Gefühlen und seiner Seele ein Stück Himmel zeigen. Für einen Augenblick zwar nur, und noch verhüllt in den Konturen des Irdischen. Aber daraus soll er leben, glauben und hoffen können.

«Die Orthodoxie überredet nicht und verlockt nicht, sie fesselt und zieht an. Das ist die Form ihrer Wirkung in der Welt.»

Sergij Bulgakov

**VIELE RITEN ZUR FEIER DES EINEN GLAUBENS** Die Göttliche Liturgie, die nach orthodoxem Sprachgebrauch die Eucharistiefeier, das Abendmahl meint, feiern die Ostkirchen nach je eigenem Ritus. Reiche und altehrwürdige Traditionen kirchlichen Lebens haben hier eine treu überlieferte Gestalt gewonnen. Die Kirchen Konstantinopels, Russlands, Serbiens und Rumäniens feiern nach byzantinischem Ritus, jene von Ägypten, Syrien, Armenien, Indien und Äthiopien haben je einen eigenen Ritus. Auf diesem Hintergrund kann die liturgische Gestalt des Gottesdienstes katholischer Westkirchen als lateinischer oder als römischer Ritus bezeichnet werden. Alle diese Riten haben einander beeinflusst und weisen die gleiche Grundstruktur auf.

**IN GEMEINSCHAFT MIT DEN ENGELN UND HEILIGEN** Jede irdische Liturgie wird gemeinsam mit der himmlischen Liturgie der Engel und Heiligen gefeiert. In den meisten orthodoxen Traditionen wird diese Gemeinschaft durch Ikonen und durch die Ikonostase vergegenwärtigt, welche die feiernde Gemeinde mit dem Altarraum verbindet. Die orthodoxe Liturgie kann mehrere Stunden dauern. Sie eröffnet einen Erfahrungsraum, der die Seele und die Zeit verwandelt. Im orthodoxen Gottesdienst wird an das heilbringende Handeln Jesu Christi nicht nur erinnert, es wird hier und heute gegenwärtig. So deutet es ein alter Osterhymnus: «Gestern wurde ich mir dir begraben, Christus, heute stehe ich mit dir auf.»

**MIT ALLEN SINNEN** Der orthodoxe Gottesdienst ist die geheimnisvolle Weiterführung des Abendmahls, das Jesus vor seinem Tod mit seinen Jüngern gehalten hat: «Tut dies zu meinem Gedächtnis!» Indem die Gläubigen Leib und Blut Jesu empfangen, nehmen sie auch teil am Sieg des Lebens in der Aufer-

III

GÖTTLICHE LITURGIE

stehung. Sein irdisches Dasein findet in der Kirche eine Fortführung durch alle Zeiten. Alle Sinne kommen mit dieser Wirklichkeit in Berührung: das Auge, indem es die Ikonen, Gewänder, Gesten wahrnimmt, das Ohr den Gesang des Chors, der Geruchssinn Weihrauch und Kerzenduft.

BEGINN DER NEUEN SCHÖPFUNG   Der orthodoxe Gottesdienst hat kosmischen Charakter und richtet sich an die ganze Schöpfung. In vielfältigen Segnungsriten wird die neue Schöpfung vorweggenommen und zugleich vorbereitet: Blumen, Gräser und Zweige werden am Pfingsttag in die Kirche gebracht, Früchte und Trauben am Fest der Verklärung, verschiedene Speisen in der Osternacht, am Tag der Taufe des Herrn wird eine Wasserweihe vollzogen. Vor allem werden der Kirchraum selbst und die verschiedenen gottesdienstlichen Gegenstände feierlich geweiht. Auch diejenigen, die nicht kommunizieren, können an dem gesegneten Brot, dem Antidoron, teilhaben.

«An dem Tage, den man Sonntag nennt, findet eine Versammlung aller statt, die in Städten oder auf dem Lande wohnen. Dabei werden die Denkwürdigkeiten der Apostel oder die Schriften der Propheten vorgelesen, solange es angeht. Hat der Vorleser aufgehört, so gibt der Vorsteher in einer Ansprache eine Ermahnung und Aufforderung zur Nachahmung all dieses Guten. Darauf erheben wir uns alle zusammen und senden Gebete empor. Haben wir das Gebet beendigt, so begrüssen wir einander mit dem Kusse. Darauf werden dem Vorsteher der Brüder Brot und ein Becher mit Wasser und Wein gebracht. Der nimmt es und sendet Lob und Preis dem Allvater durch den Namen des Sohnes und des Heiligen Geistes empor und spricht eine lange Danksagung dafür, dass wir dieser Gaben von ihm gewürdigt worden sind. Ist er mit den Gebeten und mit der Danksagung zu Ende, so gibt das ganze Volk seine Zustimmung mit dem Worte «Amen». Dieses Amen bedeutet in der hebräischen Sprache soviel wie: Es geschehe! Nach der Danksagung des Vorstehers und der Zustimmung des ganzen Volkes teilen die, welche bei uns Diakone heissen, jedem der Anwesenden von dem verdankten Brot, Wein und Wasser mit und bringen davon auch den Abwesenden.
Wer aber die Mittel und guten Willen hat, gibt nach seinem Ermessen, was er will. Und das, was da zusammenkommt, wird bei dem Vorsteher hinterlegt. Dieser kommt damit Waisen und Witwen zu Hilfe, solchen, die wegen Krankheit oder aus sonst einem Grunde bedürftig sind, den Gefangenen und den Fremdlingen, die in der Gemeinde anwesend sind, kurz, er ist allen, die in der Stadt sind, ein Fürsorger.
Am Sonntage aber halten wir alle gemeinsam die Zusammenkunft, weil er der erste Tag ist, an welchem Gott durch Umwandlung der Finsternis und des Urstoffes die Welt schuf und weil Jesus Christus, unser Erlöser, an diesem Tage von den Toten auferstanden ist.»

Justin der Märtyrer, † um 165

III
GÖTTLICHE
LITURGIE

Alle Gemeinschaften feiern am Sonntag die Göttliche Liturgie. Sie erleben in ihr «ein Stück Himmel auf Erden». Manches bleibt uns fremd, manches kommt westlichen Gottesdiensten sehr nahe. Umgeben von Ikonen, Kerzen, farbigen Gewändern, den Duft des Weihrauchs einatmend, im Ohr die festlichen Gesänge, hören die Mitfeiernden die Worte der Bibel und lassen sich Brot und Wein des Abendmahls reichen. Die Bilder zeigen Augenblicke der Liturgie aus der griechischen, rumänischen und syrischen Kirche.

IV.

# SA
# KRA
# MEN
# TE

# MYSTERIEN DES GLAUBENS

## DIE SAKRAMENTE

Mit den westlichen kennen auch die östlichen Kirchen Sakramente. Während die im Kalender festgeschriebenen Feiertage die Gemeinde durch das Jahr führen, begleiten die Sakramente den Menschen auf seinem individuellen Weg durch das Leben. Sie fügen sich ein in seinen Lebensrhythmus. An existentiell bedeutsamen Punkten seines Lebens soll der Mensch erfahren, dass Gott an ihm handelt und durch Jesus Christus in sein Leben spricht. Die Sakramente heiligen nicht nur den einzelnen Menschen, sondern die Gemeinschaft der Glaubenden, in ihnen wird die Kirche lebendig.

**SAKRAMENT ALS MYSTERION** Das Wort «Sakrament» bezeichnete ursprünglich den Fahneneid der römischen Legionäre. Der Mensch beantwortet Gottes Barmherzigkeit und Treue mit seiner eigenen Treue und der Bereitschaft, sein Leben nach dem Willen Gottes auszurichten. Die Orthodoxie verwendet gern das biblische Grundwort «Mysterion», das im Singular den ewigen Heilswillen Gottes bezeichnet, im Plural die Zeichen dieses Heils in der Geschichte. Mysterien sind Geheimnisse der Gottbegegnung. Sie setzen Pfingsten fort und verknüpfen die Zeit mit der Ewigkeit.

**SIEBEN?** Die Orthodoxie kennt wie die katholische Kirche sieben Sakramente: Taufe, Myronsalbung, Beichte, Eucharistie, Ehe, Weihe und Ölsalbung. Mit dieser Zahl deutet sie das Ganze und Vollkommene an, aber sie lässt Raum, auch anderen Momenten des Lebens sakramentalen Wert zu geben. Die Beerdigungsriten, das Mönchsgelübde, die Ikonenweihe und weitere Riten werden von manchen östlichen Kirchen ebenfalls zu den Mysterien gezählt.

**SICHTBARE ZEICHEN** Mysterien sind Augenblicke im Leben, da dem Menschen ein Blick in die Unendlichkeit Gottes geschenkt wird. Geheimnisse der Verbundenheit zwischen Gott und Mensch. Sichtbares wird mit Unsichtbarem vereint. «Heilige Handlungen, in denen unter einem sichtbaren Zeichen unsichtbar eine bestimmte Gabe des Heiligen Geistes gewährt wird» (Sergij Bulgakov).

# AM ANFANG DES LEBENS

## TAUFE UND MYRONSALBUNG

Am Anfang des Lebens steht das Mysterion der Taufe. Gleichzeitig wird das Kind mit Myron gesalbt, es wird gefirmt. Und erst noch empfängt es die Eucharistie, nimmt teil am Abendmahl. Die orthodoxen Kirchen betonen die Einheit der drei Sakramente und spenden sie gemeinsam bereits dem Säugling. Ein klarer Hinweis auf orthodoxes Verständnis: Nicht das intellektuelle Verstehen des Menschen hat die Priorität, vielmehr ist es Gott, der hier handelt.

**TAUFE VERPFLICHTET** Der Taufe voran gehen die Absage vom Bösen und das Bekenntnis des Glaubens. Anstelle des Kindes tun dies die Paten. Sie schauen gegen Westen, wenn sie «dem Satan mit all seinen Werken, seiner Pracht, seinem menschlichen Blendwerk» widersagen. Sie kehren sich wieder nach Osten, wenn sie ihren Glauben an den dreifaltigen Gott bezeugen.

**INS WASSER GETAUCHT** Das Kind ist nackt, wenn es ins Wasser eingetaucht wird. Die orthodoxen Christen wählen für die einschneidende Lebenswende, die in der Taufe am Menschen geschieht, das starke Zeichen des dreimaligen vollständigen Untertauchens. Dreimal soll es vom Wasser ganz umgeben sein. Getauft wird auf den Namen des dreifaltigen Gottes: «Im Namen des Vaters, im Namen des Sohnes, im Namen des Heiligen Geistes». Und dreimal antwortet die anwesende Gemeinde: «Amen – so soll es sein.»

**«SIEGEL DER GABE DES HEILIGEN GEISTES»** Nun salbt der Priester das Kind mit Myron. «Wenn dein Körper sichtbar gesalbt wird, wird deine Seele durch den heiligen und lebenschaffenden Geist geheiligt» (Kyrill von Jerusalem, 313–386). Myron ist Olivenöl, vermischt mit wohlriechenden Kräutern, in der Karwoche vom Oberhaupt jeder Kirche neu geweiht. Der Priester salbt das Kind, indem er ein Kreuz zeichnet, an Stirn, Augen, Nase, Mund, Ohren, Brust, Händen und Füssen, und dazu spricht: «Siegel der Gabe des Heiligen Geistes». Jetzt zieht man dem Kind das Taufkleid an.

**EIN TROPFEN WEIN** Ist die Taufe mit der Göttlichen Liturgie verbunden, so reicht der Priester dem Neugetauften das Abendmahl, das den Christen sein ganzes Leben hindurch begleiten soll. Die Teilnahme an diesem Mysterion bezeugt die geheimnisvolle Verbundenheit des Menschen mit Gott und die Verbundenheit in der Gemeinschaft der Kirche. Einen Tropfen des in der Göttlichen Liturgie geweihten Weines wird dem Kind auf die Zunge gelegt.

**GEGENSEITIGE ANERKENNUNG** Die meisten der östlichen Kirchen anerkennen heute die Taufe aller christlichen Konfessionen, wenn sie im Zeichen des Wassers und im Namen des Vaters, des Sohnes und des Heiligen Geistes erfolgt ist. Orthodoxe Kirchen haben verschiedene Kriterien, wie sie Christen anderer kirchlicher Tradition im Fall eines Übertritts aufnehmen. In der Regel wird die Taufe dabei nicht wiederholt.

Taufe bei der katholischen Gemeinde der Eritreer in der Krypta der Guthirtkirche. Die Stirn wird mit Myron gesalbt – im neugetauften Kind lebt der Heilige Geist.

In der Griechisch-Orthodoxen Kirche taucht Vater Emmanuel den kleinen Nikos dreimal ins Wasser. Dazu spricht er die Worte: «Getauft wird der Diener Gottes Nikos im Namen des Vaters und des Sohnes und des Heiligen Geistes». Die Grossmutter bekleidet das neugetaufte Kind mit einem neuen Gewand. Die Patin küsst das Evangelienbuch. Sie hat versprochen, für den Glauben von Nikos Sorge zu tragen.

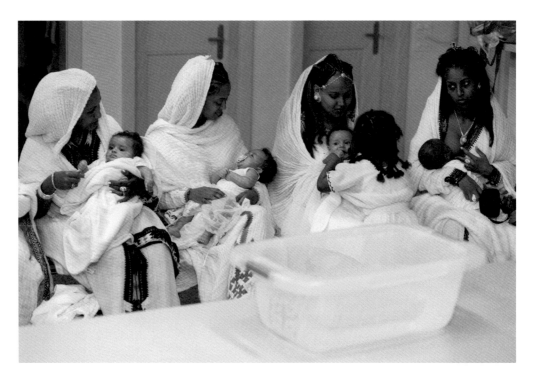

Kubron Mahray und seine Dia-
kone taufen in der reformierten
Kirche von Schlieren eine ganze
Reihe von Kindern eritreischer
Eltern. Eine zweite Generation
wächst heran.

# EHE ALS HAUSKIRCHE

## VERLOBUNG UND KRÖNUNG

Die Trauung findet in der Krönung ihren Höhepunkt. Diese gibt der Liturgie der Trauung ihren Namen. Der Krönung voraus geht der Akt der Verlobung, wenn sich die Brautleute ihr Jawort geben und einander die Ringe an den Finger stecken. Das Sakrament der Ehe ist die Grundlage für die Familie, die als «Hauskirche» verstanden wird.

«Du hast auf ihr Haupt eine Krone kostbarer Edelsteine gesetzt. Sie haben von Dir Leben erbeten, und Du hast es ihnen gegeben.»

Prokimenon zur Krönung

### KEIN VERTRAG, SONDERN EIN SEGEN

«Dies ist ein tiefes Mysterion, ich beziehe es auf Christus und die Kirche», sagt Paulus über die Ehe (Epheserbrief 5,32). Das Ja der Verlobung ist die Voraussetzung, das Sakrament kommt jedoch nur durch die Mitwirkung des Priesters zustande. Der Priester spricht über das Brautpaar: «Es wird gekrönt der Knecht Gottes ... für die Magd Gottes ..., es wird gekrönt die Magd Gottes ... für den Knecht Gottes ...» Er reicht dem jungen Ehepaar einen Becher mit Wein, die Trauzeugen halten über Braut und Bräutigam eine Krone – in einigen Kirchen einen Kranz – und alle umschreiten dreimal mit dem jungen Ehepaar das Analogion, ein Pult, bedeckt mit einem goldenen Tuch und geschmückt mit einer Ikone.

### WIEDERHEIRAT NACH DER SCHEIDUNG?

Mit der katholischen Kirche betrachtet die Orthodoxie die vollzogene Trauung als unauflöslich und unwiederholbar. Das entspricht dem Prinzip der Akribie, der Übereinstimmung zwischen Vorschrift und Praxis. Sie handelt aber auch gemäss dem Prinzip der Oikonomie, der Einsicht, dass die menschlichen Bindungen zerbrechlich sind und Gott barmherzig ist. Damit lässt die Orthodoxie die kirchliche Segnung einer zweiten und sogar einer dritten Ehe zu. Falls beide Eheleute bereits in einer kirchlichen Ehe gelebt haben, ist die Wiederholung der Krönung nicht erlaubt, und die Segnung ist mit Bussgebeten verbunden.

### PRIESTEREHE UND ZÖLIBAT

Orthodoxe Priester und Diakone können verheiratet sein, aber sie müssen die Ehe vor der Weihe eingegangen sein oder sich dazu entscheiden, zölibatär zu leben. Eine Wiederheirat nach dem Tod der Ehefrau ist nicht möglich. Bischöfe sind unverheiratet, sie kommen in der Regel aus dem Mönchsstand.

IV
SAKRAMENTE

Hochzeit in der Griechisch-Orthodoxen Kirche. Der Kranz, mit
dem die Brautleute gekrönt werden, wird als Zeichen der Verbundenheit für das ganze Leben zu
Hause aufbewahrt.

In der russischen Auferstehungskirche werden Ekaterina und
Dmitry gekrönt, nachdem sie
sich durch die Verlobung miteinander verbunden haben. Zu einem Loblied aus dem Buch Jesaja
umschreitet der Priester mit den
Neuvermählten und den Trauzeugen dreimal das Analogion,
einen kleinen Altar mit Ikonen.
Gemeinsam trinkt das Paar an-
schliessend aus dem einen Becher mit Wein als ein Zeichen der
Vertrautheit und der Lebensge-
meinschaft.

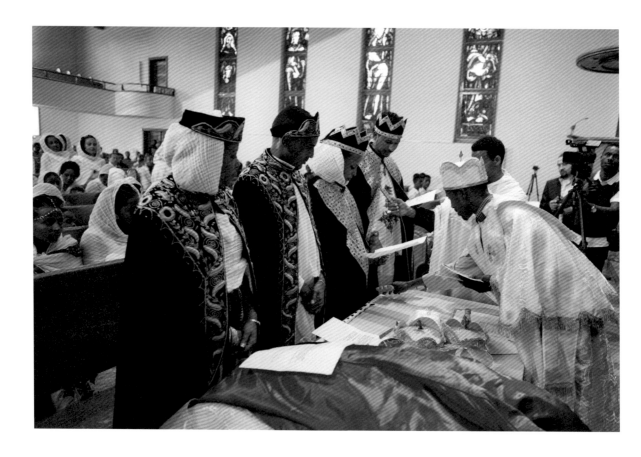

Im Anschluss an den sonntäglichen Gottesdienst und im Kreis
der ganzen Gemeinde heiraten
zwei eritreische Brautpaare in
der Kirche von Schlieren.

IV

SAKRAMENTE

# DIE ZUSAGE, DASS SCHULD VERGEBEN WIRD

## DAS SAKRAMENT DER BEICHTE

Alle Ostkirchen kennen das Mysterion der Beichte. Der Christ ist gehalten, sein menschliches Versagen vor einem Priester zu bekennen. Dieser sagt ihm Gottes Vergebung zu. Gott richtet nicht, Gott heilt.

«Die Sünde ist von deiner Seele und deinem Leib hinweggenommen im Namen des Vaters. Amen. Du bist gereinigt und geheiligt im Namen des Sohnes. Amen. Möge dir Verzeihung werden und mögest du Anteil haben an den heiligen Mysterien im Namen des Heiligen Geistes. Amen.»

Aus der syrischen Beichtliturgie

IV
SAKRAMENTE

GEMEINSAM VOR GOTT — Der Priester stellt sich mit dem Beichtenden gemeinsam als Sünder vor Gott hin: «Was du meiner geringsten Niedrigkeit bekannt hast und was du nicht zu sagen vermochtest, sei es aus Unwissenheit, sei es aus Vergesslichkeit, was auch immer es sei, vergebe dir Gott in dieser Welt und in der kommenden.» Der Priester legt zur Bitte um Vergebung dem Beichtenden die Hände oder die Stola seines Gewandes auf den Kopf. Er kann ihm auch Gebete und Bussübungen auferlegen. Sie sollen ihm helfen, das innere Gleichgewicht neu zu finden und sein Leben zu heiligen.

WIE OFT ZUR BEICHTE? — Die Teilnahme an der Kommunion, am Abendmahl, ist in den orthodoxen Kirchen weitgehend an die unmittelbar vorausgehende Beichte gebunden. Besondere Busszeiten sind die jährlichen Fastenzeiten vor den grossen Festen des Kirchenjahrs. Die Beichte erfolgt in der Regel im Raum der Kirche, stehend oder kniend vor einer Ikone oder vor dem Kreuz, oft vor den Augen aller während der Liturgie.

Vor dem Kreuz in der Sakristei kniend und in Gegenwart des Priesters bekennt ein katholischer Eritreer sein menschliches Versagen. In der Orthodoxen Kirchgemeinde Rumänischer Sprache spricht der Priester einer Frau die Vergebung durch Gott zu. Er legt ihr als sichtbares Zeichen die Stola seines priesterlichen Gewandes auf den Kopf.

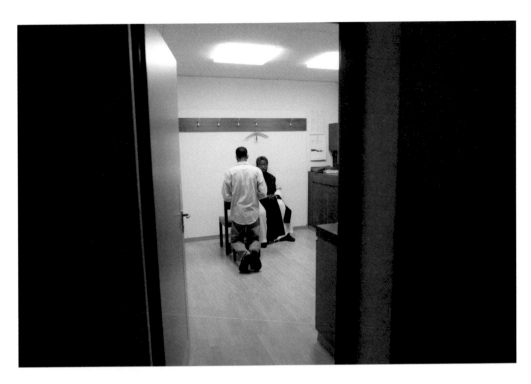

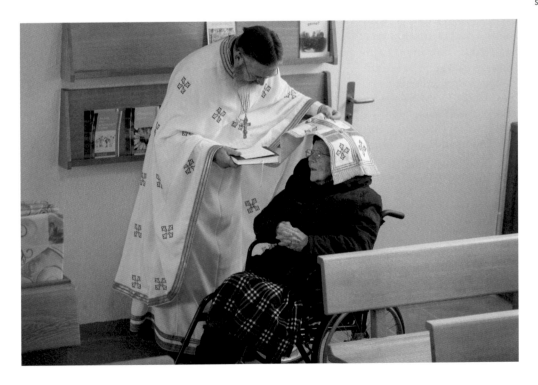

# DER RITUS DER LAMPE

## DIE HEILIGE ÖLUNG

Wie die katholischen kennen die orthodoxen Kirchen das Mysterion der Heiligen Ölung. Es hat eine doppelte Ausrichtung: zum einen auf die Gesundung von Leib und Seele, auf die Vergebung der Sünden, besonders die unbewussten und vergessenen, insofern sie Ursache für Krankheiten sein könnten; zum anderen auf die Gewährung von Kraft für einen guten Tod in der Annäherung an den Kreuzestod Jesu Christi. Manche der orthodoxen Kirchen sprechen vom Ritus der Lampe, weil dieser mit dem Öl vollzogen wird, mit dem die Lampen das Licht erzeugen, das die Kirchen hell macht.

IV
SAKRAMENTE

«Das heilige Öl wurde uns überliefert als ein geheiligtes Sakrament und als eine Form der Göttlichen Barmherzigkeit, die den Empfängern gereicht wird zur Erlösung und Reinigung von den Sünden. Deshalb entbindet dieses Sakrament von den Sünden, richtet von den Krankheiten auf und bewirkt die Heilung. All dies wurde uns von unserem Gott Jesus Christus und durch Ihn von Seinen göttlichen Jüngern und Aposteln gegeben.»

Simeon von
Thessaloniki,
† 1429

ZUR
HEILUNG
VON LEIB
UND
SEELE

Eingeladen zum Mysterion der Heiligen Ölung sind alle, die ihre körperlichen und seelischen Kräfte stärken möchten. So wird die Heilige Ölung oftmals gegen Ende einer Fastenzeit angeboten, besonders in der Karwoche vor Ostern.

Sieben Priester – verkörpernd die sieben Gaben des Heiligen Geistes – sind eigentlich nötig, um in einer Kirche dieses Mysterion zu vollziehen. An sieben Stellen seines Körpers wird der Mensch gesalbt. Und siebenmal betet der Priester zu Gott, dem «Arzt der Seelen und der Leiber».

GESUNDE
UND
KRANKE
BEDÜRFEN
DER
HEILUNG

Jüngere wie ältere Menschen dürfen die Heilige Ölung empfangen, gesunde wie kranke. Alle bedürfen sie neuer Kraft, um im Leben bestehen zu können. Falls ein Familienmitglied an sein Bett gebunden ist, geht der Priester zu ihm nach Hause. Zusammen mit den Angehörigen – die die Gemeinde vertreten – empfängt der Kranke das Mysterion der Heiligen Ölung. In Armenien gibt es die Tradition, die Heilige Ölung gemeinsam mit der Myronsalbung am Anfang des Lebens zu spenden, da das Volk aus der geschichtlichen Erfahrung lebt, dass das Zeugnis für den Glauben immer auch zum Lebenszeugnis, zum Martyrium werden kann.

Mit seiner rumänischen Gemeinde Hl. Nikolaus feiert Romică Enoiu das Mysterion der Heiligen Ölung. Stirn und Hände der Gläubigen salbt er mit Öl und erbittet für sie geistige und körperliche Gesundheit. Vorher schon hat er ein Gebet über Öl und Weizenmehl gesprochen. Angehörige der Gemeinde haben diese Nahrungsmittel mitgebracht, um sie für ihren täglichen Gebrauch segnen zu lassen.

# DIE RUHE DER SEELE AM ORT DES LICHTS

## TOD UND BEERDIGUNG

Nicht nur Abschied vom Verstorbenen, mehr noch Gebet für seinen Eintritt in das Licht Gottes ist die Beerdigung im Verständnis der Orthodoxie. Ihm diese Reise leichter zu machen, das ist der Wunsch, den die Priester und alle seine Angehörigen und Freunde in der Liturgie zum Ausdruck bringen. Zwar gehen die Gebete davon aus, dass Gott sein Ja zum Verstorbenen bei dessen Taufe unwiderruflich in seine Seele gesprochen hat. Aber sie wissen ebenso, dass kein Mensch diese Erde verlässt, ohne nicht immer wieder an Gott und den Menschen schuldig geworden zu sein.

«… die Ruhe der Seele am Ort des Lichtes, am Ort des Ergrünens, am Ort der Erquickung, wo entflieht aller Schmerz, alle Trübsal und alle Klage.»

Aus dem Totengebet der byzantinischen Liturgie

**AM STERBE- BETT** Der Priester wird schon ans Sterbebett gerufen. Er spricht das Absolutionsgebet über den Sterbenden und betet zu Gott um ein ruhiges Sterben. Man stellt das Bett so, dass der Sterbende mit seinem Gesicht nach Osten schaut, dorthin wo in der Schönen Ecke an der Wand die Ikonen hängen und die Kerze oder Öllampe brennt. Nach Eintritt des Todes wird der Leichnam des Verstorbenen gewaschen und bekleidet, man legt auf seine Stirne ein Band mit der Inschrift des Trisagion (Dreimalheilig) «Heiliger Gott, Heiliger Starker, Heiliger Unsterblicher – erbarme dich unser». In seine Hand gibt man eine Ikone mit dem Bild Christi, der Gottesmutter oder des Namenspatrons. Über ihn legt man ein gesegnetes Tuch – Sinnbild seiner Zugehörigkeit zur Kirche.

**DER KUSS ZUM ABSCHIED** Die eigentliche Segnung des Verstorbenen findet in der Kirche oder – in unseren Gegenden – in der Friedhofkapelle statt. Der Leichnam ist gegenwärtig, der Sarg bleibt geöffnet. Die Anwesenden tragen brennende Kerzen in ihren Händen. Nach den Gebeten und den Gesängen geben die Familie und die Angehörigen dem Toten den Abschiedskuss.

**SYMBOL VON TOD UND AUFER- STEHUNG** Der Sarg wird zum Grab getragen und in die Erde versenkt. Eine Kremation kennen die Ostkirchen nicht. Auch der Sarg liegt so, dass das Gesicht des Toten nach Osten gewandt ist. Am Grab reicht die Familie den Anwesenden Koliva, ein Gericht aus gekochten Weizenkörnern, mit Zucker, Honig, Rosinen, Granatapfelkernen und Früchten gesüsst – Erinnerung an das Wort des Evangeliums: «Wenn das Weizenkorn nicht in die Erde fällt und stirbt, bleibt es allein. Wenn es aber stirbt, bringt es reiche Frucht» (Johannes 12,24).

**EIN ORT DER REI- NIGUNG?** Wie die Reinigung der Seele erfolgt, damit sie in das Licht Gottes einzutreten vermag, gehört zu den umstrittenen theologischen Fragen zwischen Ost und West. Einen Reinigungsort, in der westlichen Tradition Fegefeuer genannt, kennen die Ostkirchen nicht. Sie sprechen von einem geistlichen Prozess, in dem das Geleit der Engel, die Fürsprache Christi und das Gebet der Kirche wirksam werden.

Mit der Familie nimmt der serbi-sche Pfarrer Abschied von Petar, 15-jährig an Leukämie gestor-ben. Vor der Kapelle im Fried-hof Schwamendingen spricht er das Gebet über den verstor-benen jungen Menschen. Die Angehörigen küssen zum letz-ten Mal ihren Sohn und Bruder.

# FEST-
# TAGE

## IM
## JAHRESKREIS

# ATEM DER EWIGKEIT

## FESTTAGE IM JAHRESKREIS

Im Verlauf des Jahres bedenkt und erlebt die Kirche die ganze Geschichte der Erlösung der Menschheit. Im Jahreskreis der Feiertage zieht das Leben von Jesus Christus vorüber – von seiner Geburt bis zu Kreuzigung und Auferstehung, das Leben Mariens – von ihrer Empfängnis bis zum Entschlafen, das Leben der von der Kirche verehrten Heiligen.

OSTERN IM MITTELPUNKT Das christliche Fest im eigentlichen Sinn ist und bleibt Ostern. Ohne Ostern verliert das kirchliche Jahr seinen Sinn und Mittelpunkt. Nicht dieses eine Mal im Jahr, sondern Sonntag für Sonntag feiern die Christen Ostern zum Gedenken, dass Jesus Christus von den Toten auferstanden ist und uns Hoffnung auf unsere Auferstehung schenkt. In Anlehnung an das jüdische Pessachfest im Monat Nisan ist Ostern am Sonntag nach dem ersten Frühlingsvollmond zu feiern.

BEWEGLICHE UND UNBEWEGLICHE TAGE Die Kalender der östlichen wie der westlichen Kirchen sind zusammengesetzt aus dem Zusammenspiel zweier Feiertagszyklen, eines beweglichen und eines unbeweglichen. Der bewegliche Zyklus wird bestimmt durch das Osterfest, das von Jahr zu Jahr auf andere Daten fällt. Von Ostern wiederum hängen die Tage des Grossen Fastens ab, die Festtage bis Pfingsten und die liturgische Bedeutung überhaupt aller Sonntage des Jahres. Die übrigen Feiertage sind unbeweglich und an bestimmte Kalendertage geknüpft. Es sind dies die Tage um Weihnachten, ebenso alle Festtage der Gottesmutter Maria und der Heiligen im Verlauf eines Jahres.

# Χριστoc воскресе! Χριστος Ανεστη

## DIE OSTERTAGE

«Christus ist auferstanden» – so ruft der Priester den Gläubigen in der Osternacht zu. «Ja, er ist wahrhaft auferstanden» – so antwortet die Gemeinde mit Begeisterung. Das wichtigste Fest des orthodoxen Kirchenjahres ist Ostern, so wie das auch für die Kirchen des Westens gilt. So staunenswert ist die Botschaft der Auferstehung, dass die orthodoxen Christen sich Jahr für Jahr lange auf die Feier vorbereiten und ihre Gedanken und Inhalte 50 Tage lang bis Pfingsten weiterklingen lassen.

**DIE HEILIGE UND GROSSE FASTEN-ZEIT** Ostern voraus geht das Grosse Fasten, die vierzig Tage zwischen dem Montag vor dem bei uns üblichen Aschermittwoch bis und mit dem Freitag vor unserem Palmsonntag, Samstage und Sonntage mitgezählt. Von diesem Zeitpunkt an folgt die Orthodoxe Kirche in ihren Gottesdiensten Schritt auf Schritt dem Weg, den Jesus in den letzten Tagen seines Lebens bis zu seinem Tod gegangen ist. In der Zeit des Grossen Fastens werden keine tierischen Produkte gegessen, ebenso wird auf Milchprodukte, Öl und Alkohol verzichtet. Mehr noch zählt das Gebet und das Nachdenken über das eigene Leben.

«Weil wir nicht fasteten, verloren wir das Paradies. Lasst uns also fasten, dass wir wieder dorthin zurückkehren.»

Basilius der Grosse, 329–379

**DER SAMSTAG DES LAZARUS** Der Tag vor dem Palmsonntag wird Samstag des Lazarus genannt. Er erinnert an die Begegnung von Jesus mit dem vom Tod erweckten Lazarus und seinen Schwestern Maria und Marta in Betanien, «sechs Tage vor dem Paschafest» (Johannes 12,1). Lazarus wird so zu einem Zeichen unserer Auferweckung durch den auferstandenen Jesus.

**HOSANNA DEM SOHN DAVIDS** Als Auftakt zur Grossen Woche werden am Palmsonntag Zweige gesegnet, die daran erinnern, dass Jesus vor den Toren Jerusalems mit Palmzweigen und Hosannarufen empfangen wurde. In den orientalisch-orthodoxen Kirchen gehören festliche Prozessionen zu den Gottesdiensten des Palmsonntages, so wie es auch in der katholischen Kirche Brauch ist.

**ABSCHIED VON SEINEN FREUNDEN** Der Hohe Donnerstag erinnert an das Abendmahl, das Jesus mit den Aposteln am Abend vor seinem Tod gehalten hat. Sinnbildlich wird auch in den östlichen Kirchen die Fusswaschung vollzogen, so wie es das Johannesevangelium berichtet (Johannes 13). Bereits aber wird in den Schriftlesungen auf den Tod von Jesus verwiesen.

«Zu deinem heiligen Abendmahl, Sohn Gottes, nimm mich heute als Gast auf. Nie will ich deinen Feinden das Geheimnis verraten, nie will ich dir einen Kuss geben wie Judas. Wie der Schächer am Kreuz bekenne ich dir: Herr, erinnere dich meiner in deinem Reich.»

Aus der byzantinischen Hymnographie

**DER TAG DER GRABLEGUNG** Der Hohe Freitag (Freitag vor Ostern) ist der Tag der Grablegung von Jesus. Vom hölzernen Kreuz in der Mitte der Kirche wird der Körper des Gekreuzigten abgenommen und in ein weisses Tuch gehüllt. Eine Stoffikone mit dem Bild des toten Jesus wird in den über und über mit roten Blumen geschmückten Epitaphios – eine Art Bahre – gelegt und zusammen mit dem Evangelienbuch von den Gläubigen durch Verneigung oder Kuss geehrt. Vielerorts wird der Epitaphios in einer Prozession rund um die Kirche getragen. Die begleitenden Gesänge sind traurig und festlich zugleich, lassen aber bereits die bevorstehende Auferstehung erahnen.

«Der edle Josef nahm ab vom Kreuz deinen allreinen Leib, hüllte ihn in reines Leinen, bedeckte ihn mit wohlriechenden Kräutern und legte ihn in ein neues Grab.»

Troparion des Josef von Arimathäa

**PAS'CHA UND KULITSCH** Am Hohen Samstag sind die Gottesdienste noch von der Trauer um den am Kreuz Verstorbenen geprägt. Je näher aber Mitternacht rückt, desto stärker zeigt sich Osterfreude in der versammelten Gemeinde. Schon am Nachmittag hat der Priester die besonderen Osterspeisen gesegnet. In der russischen Kirche sind dies Pas'cha – eine Speise aus Quark, Eiern, Rahm und Zucker – und Kulitsch – ein rundes Osterbrot aus Weizenmehl –, die zusammen mit rotgefärbten Ostereiern gesegnet werden.

**«GEHT ALLE EIN IN DIE FREUDE UNSERES HERRN»** In der byzantinischen Liturgie wird die Osterpredigt von Johannes Chrysostomus (Anfang 5. Jahrhundert) gelesen, eine Einladung an alle Menschen, sich als Gäste des Auferstandenen zu wissen: Reiche und Arme, Gerechte und Sünder, Fromme und Zögernde, früh oder zu spät Gekommene – alle sind sie willkommen. In der tiefsten Nacht ergreift die Osterfreude alle Mitfeiernden: Kerzen werden entzündet, die Glocken läuten, mit frohen Gesängen geht es hinaus in die Nacht. Vor der noch dunklen Kirche liest der Priester das Evangelium der Auferstehung und ruft immer wieder seiner Gemeinde zu «Christus ist auferstanden». Voll Freude antwortet die Gemeinde: «Ja, er ist wirklich auferstanden». Und weiter geht es in die nun hell erleuchtete Kirche zum Ostergottesdienst, der bis zum frühen Morgen dauern kann.

Johannes Chrysostomos

«Werde Licht, werde Licht, neues Jerusalem. Denn die Herrlichkeit des Herrn ging auf über dir. Tanze jetzt im Reigen, Sion, und jauchze. Du aber, reine Gottesmutter, freue dich über die Auferweckung deines Sohnes.»

Aus dem Osterkanon des Johannes von Damaskus, 7. Jh.

**50 TAGE DER OSTERFREUDE** Sieben Wochen dauert die österliche Zeit. Am vierzigsten Tag nach Ostern wird der Himmelfahrt von Jesus gedacht, am fünfzigsten Tag nach Ostern ist Pfingsten, das Fest der Aussendung der Apostel durch die Herabkunft des Heiligen Geistes.

V

FESTTAGE

In der katholischen Kirche von Gebenstorf feiert der Priester Markos Bahnan mit seiner Syrisch-Orthodoxen Gemeinde St. Ephrem den Donnerstag der Mysterien, bei uns als Gründonnerstag oder Hoher Donnerstag bekannt. Wie es Jesus beim letzten gemeinsamen Mahl an seinen

Jüngern getan hat, so wäscht der Priester zwölf Knaben und Männern die Füsse. Danach feiert die Gemeinde das Abendmahl, von Jesus gestiftet als Zeichen bleibender Verbundenheit.

V

FESTTAGE

Am Hohen Freitag, von uns Karfreitag genannt, löst Vater Emmanuel von der Griechisch-Orthodoxen Gemeinde das Bild des toten Heilands vom Kreuz. Indem sie die Ikone der Grab-legung küssen, nehmen die Men-schen Abschied von Jesus. Am Abend dann zieht die griechische Gemeinde durch die Strassen ih-res Quartiers. Mit sich führt sie den über und über mit Blumen geschmückten Epitaphios, einen Holzschrein mit einer auf ein Tuch gemalten Ikone der Toten-klage am Grab von Jesus und mit dem Buch der Evangelien.

Vorbereitungen am Samstag vor Ostern für die nächtliche Feier der Auferstehung Jesu. Noch einmal küssen hier in der russischen Auferstehungskirche Erwachsene und Kinder den Schrein mit

der Ikone vom Grab Jesu. Im Saal werden bereits die für das nächtliche Ostermahl bestimmten rotgefärbten Eier und weitere Osterspeisen gesegnet.

V

FESTTAGE

Osternacht in der russischen Auferstehungskirche. Nach einer Prozession durch die nächtlichen Strassen rund um die Kirche betritt die Gemeinde um Mitternacht wieder das inzwischen hellerleuchtete Gotteshaus. «Christus ist auferstanden», singt immer wieder der Priester. «Ja, er ist wahrhaft auferstanden», antwortet freudig die Gemeinde. Mit dem nächtlichen Gottesdienst geht auch die Grosse Fastenzeit zu Ende.

# DER TAG DER UNBESIEG- BAREN SONNE

## WEIHNACHTEN, DIE GEBURT JESU CHRISTI

Weihnachten hat seinen Ursprung im Westen, das Fest der Theophanie (auch Epiphanie oder Taufe Jesu genannt) im Osten. Beide Tage haben Vorläufer in vorchristlichen Feiern zur Wintersonnenwende. Aber beides sind Tage, die seit dem 4. Jahrhundert von fast allen Kirchen gefeiert werden. Ursprünglich Festtage des «Sol invictus», der unbesiegbaren Sonne, wurden sie nun übertragen auf die Menschwerdung Gottes und das Heil der Welt durch die Geburt und die Taufe von Jesus Christus. Er ist die «Sonne der Gerechtigkeit» (Maleachi 3,20) und das «Licht der Welt» (Johannes 8,12).

V

FESTTAGE

«Heute gebiert die Jungfrau den, der von Ewigkeit ist, und die Erde bietet ihre Höhle dem Unnahbaren dar. Die Engel lobpreisen mit den Hirten, die Weisen wandern dem Stern nach. Denn für uns wurde das Kind neugeboren, der ewige Gott.»

Kondakion zum 25. Dezember aus der byzantinischen Liturgie

DIE WEISEN AUS DEM OSTEN Stehen im Mittelpunkt des Weihnachtsfests der westlichen Kirchen die Geburt von Jesus und die Anbetung der Hirten im Stall von Betlehem, so erinnern sich die östlichen Kirchen an diesem Tag der Sterndeuter aus dem Osten. Für alle Kirchen ist Weihnachten gewissermassen ein «historisches» Fest, das an die Begebenheiten rund um die Geburt von Jesus erinnert, während Epiphanie dem Nachdenken darüber gilt, dass und warum Gott Mensch geworden ist. Durch Jesus Christus ist der ganzen Welt das Heil erschienen.

WANN IST WEIH- NACHTEN? Ostkirchen, die dem gregorianischen Kalender folgen, feiern Weihnachten mit den Christen des Westens am 25. Dezember, jene, die dem julianischen Kalender treu blieben, am 7. Januar.

In festlicher Kleidung begeht die indische Gemeinde Saint Mary Weihnachten in der alten Kirche von Witikon. Auf dem schneebe-deckten Vorplatz werden nach dem Gottesdienst Zweige von Palmsonntag des zu Ende gehen-den Jahres verbrannt. Die Asche wird nach Hause mitgenommen. Um einen Menschen zu segnen, zeichnet man ihm damit ein Kreuz auf die Stirn.

V

FESTTAGE

# WASSERWEIHE AM ZÜRICHSEE

## DAS FEST DER TAUFE JESU AM 6. JANUAR

Älter als Weihnachten ist das Fest der Theophanie (Erscheinung Gottes) am 6. Januar. Ostkirchen, die den gregorianischen Kalender übernommen haben, feiern es an diesem Tag, jene, die beim julianischen Kalender verblieben sind, am 19. Januar. Für die Christen im Westen ist es der Dreikönigstag, die Ankunft der Weisen aus dem Morgenland, für die Christen im Osten das Fest der Taufe von Jesus im Jordan.

«Heute werden die Fluten des Jordan in Heilmittel verwandelt durch die Nähe des Herrn. Heute eröffnen sich der Menschheit die Pforten des Paradieses, und die Sonne der Gerechtigkeit erstrahlt über uns. Heute wurden wir von der Finsternis befreit und erleuchtet durch das Licht der Erkenntnis Gottes.»

Aus der byzantinischen Liturgie

**VON DEN GÖTTERN ZUM EINEN GOTT** Nichtchristliche Vorbilder hat dieses Fest in Ägypten, wo in der Nacht vom 5. auf den 6. Januar der Geburt des Sonnengottes Aion aus der Jungfrau Kore gedacht wurde. Aus dem Nil wurde Wasser geschöpft und in die Häuser getragen. Die koptischen Christen – und mit ihnen die ganze christliche Kirche – feierten in dieser Nacht die Geburt von Jesus aus der Jungfrau Maria und ebenso auch die Taufe von Jesus im Wasser des Jordan.

**IM ZEICHEN DES WASSERS** Sichtbares Zeichen der Erinnerung an die Taufe von Jesus im Jordan ist die Weihe des Wassers. Alle Kirchen des Ostens haben diesen Brauch beibehalten. Wenn immer möglich begibt sich die Gemeinde nach dem Gottesdienst hinab an das Ufer eines Flusses oder auch eines Sees. Die griechische Gemeinde in Zürich zieht in Prozession zur Brücke über die Limmat gleich unterhalb ihrer Kirche. Die russische Gemeinde trifft sich am Ufer des Zürichsees. Dreimal taucht der Priester ein Kreuz in das Wasser. Er segnet symbolhaft die ganze Schöpfung. Wer kann, taucht unmittelbar danach selber hinein in das geweihte Wasser. Gläubige nehmen von diesem Wasser mit nach Hause. Sie segnen damit ihre Familie, ihr Haus, ihre Habe.

«Heilige dieses Wasser mit deinem Geist. Schenke denen, die es benützen, die es berühren, die von ihm trinken, die damit gewaschen werden – schenke ihnen Reinigung, Segen und Erlösung.»

Aus der koptischen Liturgie

Am Fest der Theophanie – nach julianischem Kalender am 19. Januar – versammelt sich die Russisch-Orthodoxe Gemeinde der Auferstehungskirche beim Schiffssteg am Zürichhorn. Der Priester senkt dreimal ein Kreuz in das Wasser und erinnert so an die Taufe Jesu im Jordan. Mit dem Wasser segnet er die Stadt und ihre Bewohner. Manche steigen selber hinein in das kalte Wasser des Zürichsees.

# UNVER-GLEICHLICH HERRLICHER ALS DIE SERAPHIM

## MARIA, GOTTESGEBÄRERIN UND MUTTER DER KIRCHE

Maria ist «Theotokos», Gottesgebärerin. Sie ist dies für die Orthodoxie wie für alle Kirchen, die das Glaubensbekenntnis des Konzils von Ephesus 431 anerkennen: Jesus Christus «hat Fleisch angenommen durch den Heiligen Geist und die Jungfrau Maria und ist Mensch geworden». Maria ist die Brücke zwischen Himmel und Erde, zwischen Ewigkeit und Schöpfung, zwischen Gott und Mensch. So zeichnet die Kirche des Ostens ihr Bild.

«Die Liebe und Verehrung der Gottesmutter ist die Seele der orthodoxen Frömmigkeit, ihr Herz, das den ganzen Körper erwärmt und belebt.»

Sergij Bulgakov

**VERSÖHNUNG DES UNVERSÖHNLICHEN** Für die orthodoxen Christen ist Maria «ehrwürdiger als die Cherubim und unvergleichlich herrlicher als die Seraphim». In vielen Variationen wird Maria im «Hymnus Akathistos» gepriesen. Ihr Bild ist nicht von einer dogmatischen Theologie entworfen, es wird auf Ikonen betrachtet und in der Liturgie besungen. Im Namen der Gottesgebärerin erkennen orthodoxe Christen das Urbild des Menschen überhaupt. Mariens Menschsein ist transparent für den Himmel, für das Ziel der Schöpfung. In der Menschwerdung Gottes verbinden sich göttlicher Geist und menschliches Sein. Sergij Bulgakov beschreibt Maria «als eine für die Wirkung des Heiligen Geistes völlig offene Geistträgerin».

**IMMERWÄHRENDE JUNGFRAU** Die Jungfräulichkeit Mariens ist eine Glaubenswahrheit, die seit der Frühzeit der Kirche selbstverständlich bezeugt wird. Östliche Theologie bekennt von Maria dieselben Wahrheiten wie die katholische Kirche: ihr Freisein von Schuld und ihren leibhaften Anteil an der Auferstehung ihres Sohnes. Sie meint jedoch, dass dieses Bekenntnis im lebendigen Glauben der Kirche besser aufgehoben ist als in lehramtlichen Definitionen. Maria ist für den orthodoxen Christen das Urbild der Menschheit schlechthin. Maria ist Mutter Gottes und Mutter der Kirche.

**«WER MARIA NICHT KENNT, DER KENNT AUCH JESUS NICHT»**

Sergij Bulgakov

Ikonen zeigen Maria fast ausschliesslich gemeinsam mit Jesus. Sie trägt ihn auf dem Arm, sie stillt ihn, sie zieht ihn als Mutter an sich, sie trägt sein Bildnis auf ihrer Brust. Die orthodoxe Kirche trennt nicht den Sohn von der Mutter. Das Geheimnis der Menschwerdung Gottes erreicht den Menschen über das Bild Mariens. Und über das Ja Mariens: «Ich bin die Magd des Herrn.» Maria ist Kristallisationspunkt menschlicher Fürbitte und trägt diese vor Jesus.

FENSTER ZUR HIMMLISCHEN WIRKLICHKEIT

Die grossen Marienfesttage der Ostkirchen verbinden sich mit jenen des Westens. Am Anfang des Kirchenjahrs – das für die östlichen Christen am 1. September beginnt – feiern sie am 8. September die Geburt, am 21. November den Tempelgang, am 25. März die Verkündigung und am 15. August Maria Entschlafen.

«Im Gebären hast du die Jungfräulichkeit bewahrt und im Entschlafen die Welt nicht verlassen, Gottesgebärerin. Du bist hinübergegangen zum Leben, die du selbst bist die Mutter des Lebens und erlöst hast durch deine Bitten unsere Seelen vom Tode.»

Troparion
vom Fest
Maria
Entschlafen

V

FESTTAGE

V

FESTTAGE

Mit dem Fest Maria Entschlafen feiert die Serbisch-Orthodoxe Pfarrei Maria Entschlafen in Schwamendingen nicht nur ihr Patronatsfest, sondern gleich-zeitig den höchsten Festtag Mariens. Über dem Chor grüsst die Ikone der Gottesmutter. Im Gottesdienst wird Slavski Kolač gesegnet und als Symbol der Verbundenheit unter allen geteilt. Wer den Kuchen nicht selber berühren kann, legt dem Menschen vor sich die Hand auf die Schulter.

# FELIX, REGULA UND EXUPERAN-TIUS

## DIE ZÜRCHER STADTPATRONE

Die ersten Christen auf Zürichs Stadtgebiet kamen aus dem Osten. Sie waren Immigranten aus Ägypten, Flüchtlinge der diokletianischen Christenverfolgung in den Jahren 302 bis 305. Eigentlich gehörten sie der Thebäischen Legion an, die auf kaiserlichen Befehl im Wallis stationiert war. Als diese Legion – ihrer Weigerung wegen, die Christen zu verfolgen – auf kaiserlichen Befehl dezimiert wurde, flohen Felix und Regula durchs Goms über die Furka ins Reusstal, über den Klausenpass ins Glarnerland, der Linth und dem Zürichsee entlang bis nach Zürich. Unweit des römischen Kastells auf dem Lindenhof liessen sie sich nieder.

### GAST-FREUND-SCHAFT IM ALTEN TURICUM

Als ihre Flucht bekannt geworden war, wurden die koptischen Geschwister durch römische Soldaten verfolgt, auf Befehl des Offiziers Decius gefoltert und schliesslich auf einer kleinen Limmatinsel enthauptet. Gemäss Überlieferung nahmen sie nach dem Tod ihre Köpfe unter den Arm und trugen sie noch vierzig Schritte weit. Wo heute das Grossmünster steht, begrub man sie.

### DIE WASSER-KIRCHE AN DER LIMMAT

Die Legende ist seit dem 9. Jahrhundert überliefert und als «Passio sanctorum Felicis et Regulae» im Manuskript 225 der St. Galler Stiftsbibliothek niedergeschrieben. Den beiden Märtyrern zu Ehren muss um das Jahr 1000 eine romanische Kapelle entstanden sein, die im 15. Jahrhundert abgerissen und durch den heutigen spätgotischen Bau der Wasserkirche ersetzt wurde.

«Do machtent die christen menschen eyn cappell an der statt vff dem steyn über das blut, das sy vergossen hatten. Vnd geschahen do alle zit on underlassung grosse wunder vnd zeichen.»

Martin von
Breitenstein,
um 1480

### DER «HÄXE-BRÄNZ»

Im 13. Jahrhundert gesellte man den beiden Heiligen noch Exuperantius dazu. Im Volksmund wurde dieser «Häxebränz» (Hexen-Weinbrand) genannt. Ob er der Diener der beiden Edlen Felix und Regula war, ob Querelen zwischen Gross- und Fraumünster dies bewirkten, ob es ganz einfach ein Übersetzungsfehler ist – «Felix exuperantius» heisst «vortrefflicher Felix» –, das bleibt wohl ein Geheimnis. Jedenfalls hat Exuperantius auf Beschluss des städtischen Rates seit 1348 seinen Platz im Siegel der Stadt Zürich.

### STADT-HEILIGE UND KNABEN-SCHIES-SEN?

Im Zeitalter der Reformation wurden die Reliquien der Heiligen nach Andermatt gebracht. So berichtet es zumindest die Überlieferung. Der katholischen Pfarrei St. Felix und Regula im Hardquartier wurden 1950 anlässlich der Einweihung ihrer Kirche Knochenteile überlassen. Das Zürcher Knabenschiessen am Wochenende um den

11. September, den Gedenktag der Heiligen, ist das profane Kirchweihfest von
Gross- und Fraumünster wie auch der Wasserkirche. Alle drei Innenstadtkirchen berufen sich auf die koptischen Märtyrer als
ihre Patrone.

BIS
HEUTE
SIND SIE
TÄTIG

Es sind die Zürcher Orthodoxen, die seit etlichen
Jahren das Andenken an
die Zürcher Stadtpatrone
wieder lebendig werden

lassen. An deren Namenstag feiern sie
«ihre» Heiligen mit einer Prozession vom
Fraumünster zur Wasserkirche und einer
gemeinsamen Vesper im Grossmünster.
Was haben die afrikanischen Eritreer mit
der russischen Kirche vom Dnjepr gemeinsam? – Das koptische Geschwisterpaar Felix und Regula von der kleinen Limmatinsel
in Zürich.

Im Vorhof der Wasserkirche – dort also, wo Felix, Regula und Exuperantius enthauptet wurden – versammeln sich am 11. September die Gemeinschaften der byzantinischen wie der altorientalischen Orthodoxie, um danach gemeinsam das Fest der Zürcher Stadtpatrone im Grossmünster zu feiern. Als koptische Christen sind diese auch ihre Heiligen.

# AM ENDE DER REGENZEIT

## DAS FEST DER KREUZERHÖHUNG

Einer Legende wegen ein Fest feiern? In den orthodoxen Kirchen gehört das Fest der Kreuzerhöhung, das wir im Westen wenig beachten, zu den zwölf Hauptfesten des Kirchenjahres. Ein Volk begeht dieses Fest Jahr für Jahr mit grosser Feierlichkeit am 14. September. Mesqel – das grosse Fest der Äthiopier und der Eritreer.

DEMERA – DER HEILIGE SCHEITERHAUFEN Um das Jahr 325 machte Helena, die Mutter des ersten christlichen Kaisers Konstantin, eine Wallfahrt ins Heilige Land. Sie hatte geträumt, das Kreuz von Jesus zu finden. Sie betete und fastete. Und siehe: Ein Hinweis führte sie zu Ruinen und Abfallbergen vor den Toren Jerusalems. Im Traum hatte Helena die Vision, in der Nähe einen Scheiterhaufen zu entzünden. Der aufsteigende Rauch wandte sich erdwärts und bezeichnete jene Stelle, wo danach das Kreuz gefunden wurde. Noch bevor man es ausgegraben hatte, schickte Helena Fackelträger aus. Sie sollten die gute Nachricht ihrem Sohn Konstantin bringen. Er war es, der an diesem Ort der Kreuzauffindung die Grabeskirche erbauen liess, eingeweiht im Jahr 335. Übrigens: Grabeskirche sagen wir Westler, die östliche Christenheit spricht von der Auferstehungskirche.

DAS LEBEN BEGINNT VON NEUEM Seit mehr als 1600 Jahren wird in Äthiopien Mesqel gefeiert. Das grosse Fest am Ende der Regenzeit. Die Menschen verlassen wieder ihre Häuser, die gelben Blüten der Mesqel-Blume überziehen die Felder, die Landarbeit wird von neuem aufgenommen. In jedem Dorf wird der Demera angezündet, mit Mesqel-Blumen überdeckt – umgeben von der festlich gekleideten Bevölkerung. Junge Leute werfen brennende Fackeln auf den Scheiterhaufen. Sie erinnern an jene, die mit ihrem Licht Kaiser Konstantin die gute Nachricht überbracht haben. Priester segnen das Feuer und umkreisen es dreimal mit den Gläubigen in feierlicher Prozession. Und mit der Asche zeichnen sich die Menschen ein Kreuz auf ihre Stirn.

DAS KREUZ AUF DEM KREUZ Die Äthiopier wissen sich im Besitz von Kreuzreliquien. Sie haben diese von den koptischen Christen Ägyptens bekommen als Geschenk dafür, dass der äthiopische Kaiser ihnen gegen die muslimischen Machthaber zu Hilfe gekommen war. Äthiopiens Kaiser Dawit hatte Truppen nach Oberägypten geschickt, um den Christen beizustehen. Er drohte, den Nil an seinem Oberlauf in die Wüste umzuleiten, um so den Ägyptern das dringend benötigte Wasser zu entziehen. Sein Sohn, Zera Ya'iqob, hörte in einem Traum Gottes Stimme. Er sollte das Kreuz auf ein Kreuz setzen. Zwei Jahre lang suchte er in Gebet und Meditation nach diesem Kreuz – und fand es in der Form eines kreuzförmigen Tafelbergs. Dort werden die Kreuzreliquien bis heute aufbewahrt und verehrt.

Die Äthiopisch-Orthodoxe Gemeinde feiert Mesqel, das Fest der Kreuzauffindung. Höhepunkt ist die Entzündung des Demera, Symbol jenes Feuers, das der Kaiserin Helena den Weg zum unter Trümmern liegenden Kreuz von Jesus zeigte. Frauen und Männer umtanzen das Feuer, mit der Asche lässt man sich das Kreuz auf die Stirn zeichnen.

# DIE SLAVA DES HEILIGEN NIKOLAUS

## DER BELIEBTESTE HAUSPATRON DER SERBEN UND ANDERER SLAWISCHER VÖLKER

Im slawischen Sprachgebrauch heisst Slava schlicht «Ehre». Gemeint ist das jährliche Fest zu Ehren des Hauspatrons. Noch heute ist es in vielen Familien Brauch, einen populären Heiligen als Schutzpatron zu verehren und dessen Gedenktag zu feiern. Er ist nicht nur Patron des Hauses oder der Wohnung, er ist zugleich himmlischer Fürsprecher der darin wohnenden Familie. Normalerweise wird er von Generation zu Generation weitervererbt. Selbst wenn die Familie ihren Wohnsitz wechselt – der Heilige geht mit. Und Söhne und Töchter nehmen ihn mit, wenn sie ihre eigene Familie begründen.

**VOLKS-BRÄUCHE** Am Namenstag ihres Hauspatrons feiert die Familie die Slava. Tage voraus wird Slavski Kolač gebacken, Weissbrot aus Mehl und Hefe. Oft wird Wasser verwendet, das an Theophanie gesegnet wurde. Vor dem Fest bringt die Familie das Brot in die Kirche, um es vom Priester segnen zu lassen. Bevor man zu Hause ans Festmahl geht, wird Slavski Kolač gebrochen, mit Wein beträufelt und der Familie, den Freunden und allen Anwesenden gereicht. Brot und Wein als Symbole der Eucharistie. Und auch Koliva gehört dazu, eine Speise aus gekochtem Weizen, die mit Nüssen, Rosinen und süssen Zutaten bereichert wird. Koliva – Vorgeschmack des himmlischen Festmahles, das uns mit den Verstorbenen vereinen wird.

**EIN MITGLIED DER FAMILIE** Wer Hauspatron ist, lässt sich meist leicht erkennen. Seine Ikone hängt prominent an einer nach Osten gerichteten Wand. Davor brennt eine Kerze oder eine Öllampe, und auch Weihrauch wird zu seinen Ehren verbrannt. Vor dieser Ikone versammelt sich die Familie, wenn sie ein gemeinsames Anliegen vor Gott tragen möchte. Vor allem aber feiert sie an seinem Gedenktag die Slava – und dann stehen die Türen für Gäste weit offen.

**EIN POPULÄRER HEILIGER** Unter den Hauspatronen meistverbreitet ist der heilige Nikolaus von Myra. Sein Festtag ist in Osten und Westen der 6. Dezember. Am 19. Dezember des Zivilkalenders wird gefeiert, wenn die Kirche dem julianischen Kalender folgt. Zumindest im volkstümlichen Ansehen figuriert Nikolaus bei Griechen, Südslawen und Russen in der Rangliste der Heiligen gleich nach der Gottesmutter Maria. «Gäbe es Gott auch nicht, so haben wir doch den heiligen Nikolaus», lautet eine alte Redewendung. Kaiser Justinian baute ihm Mitte des 6. Jahrhunderts in Konstantinopel eine Kirche. Seine Gebeine retteten italienische Kaufleute 1087 aus Myra nach Bari und weihten ihm dort die Basilika San Nicola. Das Fest der «Translatio» seiner Gebeine wird am 9. Mai in Ost und West gefeiert.

**GESCHICHTE …** Nikolaus lebte um die Wende des 3. zum 4. Jahrhundert. Seine Heimat ist das alte Lykien an der Südwestküste Kleinasiens. Schon sein Onkel, dessen Namen er trug, war Bischof in der Stadt Myra, dem heutigen Demre in der türkischen Provinz Antalya. Ihm folgte er in jungen Jahren nach. Um sein Leben und Wirken haben sich unzählige Legenden gebildet, die ihn als Verkörperung der Menschenfreundlichkeit und als Wundertäter zeigen. Im Jahr 325 nahm er am Konzil von Nizäa teil und wandte sich gegen die Irrlehre des Arius. Ob er den heidnischen Tempel der Göttin Diana zerstört hat, bleibe dahingestellt. Jedenfalls ist Dianas am 6. Dezember gefeierter Geburtstag zu seinem eigenen Festtag geworden. Und da Diana Göttin der Meeresleute war, übernahm Nikolaus rasch die Funktion als Patron der Seefahrer.

**... UND LEGENDE** Die östliche Überlieferung weiss viel von Nikolaus zu erzählen. Dass er bei Nacht Gold durchs Fenster einer verarmten Familie geworfen habe um zu verhindern, dass der Vater seine Töchter in die Prostitution schickte. Dass er ungerecht zum Tode Verurteilte vor dem Schwert gerettet habe.

Dass er Knaben, die schon im Pökelfass eines Metzgers lagen, wieder zum Leben erweckt habe. Dass er die Stadt Myra vor einer Hungersnot bewahrt habe, indem er den Weizen eines Schiffes, das in Myra einen Zwischenhalt einlegte und dessen Ladung für das Kaiserhaus in Konstantinopel bestimmt war, für seine Leute einforderte, ohne dabei die Menge zu schmälern und den Kaiser zu schädigen. Charakteristisch für ihn ist die Legende von einer Wanderung mit dem ebenfalls heiligen Johannes Cassian: Als sie auf einen im Morast stecken gebliebenen Bauernwagen trafen, erteilte Cassian gute Ratschläge und ging dann, um sein weisses Kleid der Heiligkeit nicht zu beflecken, schnell weiter. Nikolaus aber half, den Wagen aus dem Schlamm zu ziehen ...

V

FESTTAGE

V

FESTTAGE

Kein Heiliger hat in serbischen Kirchen solchen Zulauf wie Nikolaus von Myra. Er ist bei vielen, wenn nicht den meisten Familien der beliebteste Hauspatron. Tage vor seinem Namenstag besucht Archimandrit Kosma Büchl die Familie Stevanović und spricht ein Gebet über das Was-

ser, mit dem der traditionelle Slavski Kolač gebacken wird. Diesen und den Wein für das Fest zu Hause bringen die Familien zum Gottesdienst mit, wo beides vom Priester gesegnet wird. Nach dem Gottesdienst wird zu Hause beim Festmahl weiter gefeiert.

# MIT SEHENDEN AUGEN

## DER SONNTAG DER ORTHODOXIE

Zu Beginn der grossen Fastenzeit vor Ostern feiern die Kirchen Griechenlands, Russlands, Serbiens und Rumäniens den Sonntag der Orthodoxie. Sie feiern sich selbst: den Sieg des Glaubens im 8. Jahrhundert, die Überwindung des Ikonoklasmus, des erbitterten Kampfs gegen Ikonen.

**MEHR ALS EIN BLOSSES ZEICHEN** Das 8. Jahrhundert war ein schweres Jahrhundert für die Kirche im oströmischen Reich. Darf Jesus Christus auf Bildern dargestellt und verehrt werden? Dürfen Ikonen von Maria, den Engeln und Heiligen gemalt werden? Ob es islamischer Einfluss war, der ein Bilderverbot bewirkte, ob es das zweite Gebot des Dekaloges war, ob es politische Gründe waren? Sicher ist nur: Kaiser Leo III. verbot im Jahr 730 das Malen von Ikonen und verfügte deren Zerstörung in Kirchen und Klöstern. Christus als wahrer Gott sei nicht darstellbar – argumentierten die einen – und ein gemaltes Bild trenne die in Chalcedon festgeschriebene Zusammengehörigkeit der göttlichen und der menschlichen Natur. Die Bilderverehrer wehrten sich unter Berufung auf den Heiligen Geist, der aus jeder Ikone spricht, und der sie damit zu einem Ort der Gegenwart der göttlich-menschlichen Wirklichkeit macht.

«Mehr als ein bloss sichtbares Zeichen, das an die Nähe Gottes erinnert, ist die Ikone auch ein Ort der Gnade, eine Gegenwart im Mysterion. Wenn wir sie mit Glauben im Gebet verehren, versetzt uns die Ikone in die Gemeinschaft mit Gott und mit den dargestellten Heiligen und überträgt auf uns die göttlichen Energien, mit denen sie gefüllt ist. Das ist der Grund, warum unsere Kirchen voll sind von Ikonen und Fresken, die Christus, die Gottesmutter, die Engel, die Heiligen und auch die biblischen Geschehnisse und jene der heiligen Geschichte darstellen.»

Aus dem Fastenbrief der orthodoxen Bischöfe Deutschlands 2005

**DAS KONZIL VON HIEREIA – EINE «RÄUBER-SYNODE»** Der Sohn und Nachfolger von Leo III. berief 754 ein Konzil in Hiereia (heute Fenerbahçe in Istanbul) ein, auf welchem das Bilderverbot festgeschrieben wurde. Gleichzeitig belegte man den Theologen und Mönch Johannes von Damaskus, den feurigsten Verfechter der Ikonenverehrung, mit dem Kirchenbann – obwohl er schon gestorben war. Dieses Konzil wurde im Nachhinein aber von keiner der Kirchen als rechtsgültig betrachtet, auch von der römischen nicht. Kein einziger Patriarch hatte daran teilgenommen.

**KAISERIN IRENE VON ATHEN...** Zwei Frauen waren es, die die Ikonenverehrung endgültig rechtfertigten. Einmal die Kaiserin Irene, die für ihren minderjährigen Sohn Konstantin VI. das oströmische Reich regierte. Sie gehörte zu den Ikonodulen – den «Ikonenverehrern» – und berief 787 das Zweite Ökumenische Konzil von Nizäa ein. Dieses erlaubte die Verehrung von Bildern ausdrücklich, verbot aber deren Anbetung. Es stützte sich auf Johannes von Damaskus: Weil Gott in Jesus Mensch wurde und menschliche Gestalt annahm, ist eine menschliche Darstellung möglich. Und: Engel und Heilige sind in der Ikone gegenwärtig in der Kraft des Heiligen Geistes, ihr Bild verweist den Menschen auf den in ihm wohnenden Geist Gottes.

«Die Ikone ist ein Ebenbild, das auf das Urbild hinweist und sich von ihm doch unterscheidet.»

Johannes von Damaskus, 8. Jh.

... UND KAISERIN THEODORA VON BYZANZ

Und weil die Kaiser das Konzil von Nizäa 787 nicht anerkannten und eine zweite Periode des Ikonoklasmus inszenierten, brauchte es eine weitere Frau, die sich in diesen Streit einmischte: die Kaiserin Theodora, Gattin des Kaisers Theophilus II. Nach dessen Tod übernahm auch sie für ihr Kind die Regentschaft. Sie war es, die 843 in einem kaiserlichen Dekret die Verehrung und die Wiederherstellung der Ikonen anordnete.

SONNTAG DER ORTHO- DOXIE

Seit 843 feiert die Orthodoxe Kirche den Jahrestag dieses kaiserlichen Dekrets als Sonntag der Orthodoxie. Sie ruft damit ins Gedächtnis, dass die sichtbare Wirklichkeit der Bilder uns die unsichtbare Wirklichkeit Gottes erkennen lässt.

«Mit sehenden Augen können wir nämlich durch die menschliche Schwäche hindurch das bleibende Bild Gottes schauen und somit mitten unter den Menschen den lebendigen Gott in ihnen verehren.»

Metropolit Anthony Bloom von Surosh, 1914–2003

V

FESTTAGE

V

FESTTAGE

Am Abend vor Beginn der Grossen Fastenzeit finden sich die Priester der Kirchen des byzantinischen Ritus in einer der Zürcher Kirchen zusammen. Russen, Rumänen, Griechen und Serben haben sich hier zur Feier des Sonntags der Orthodoxie in der russischen Auferstehungskirche versammelt. Die Priester tragen Ikonen in ihren Händen. Sie erinnern an das Zweite Konzil von Nizäa (787), das die Bilderverehrung ausdrücklich gestattet hat.

# VIEL-SCHICHTIG-KEIT DER ZEIT

## DIE KALENDERFRAGE

Zeit tritt auf als «Chronos» – die chronologisch messbare Zeit. Zeit ist aber auch «Kairos» – die sinnerfüllte Zeit. Jene Zeit, in der die Ewigkeit uns berührt, nicht planbar, nicht berechenbar. Christen kennen die Unwiderruflichkeit chronologischer Zeit, zugleich aber feiern sie im Zyklus des Kirchenjahres den «Kairos», die Hoch-Zeiten der Heilsgeschichte, wissend um deren Bedeutung für unseren Umgang mit der Zeit.

**DER JULIANISCHE KALENDER** Unser gebräuchliches Kalendersystem hat vorchristliche Wurzeln. Es geht zurück auf den römischen Imperator Julius Cäsar, der 46 vor Christus dem römischen Reich den nach ihm benannten julianischen Kalender auferlegte. Dieser Kalender – berechnet durch Sosigenes, einen Astronomen aus Alexandrien – orientiert sich am Umlauf der Erde um die Sonne sowie an den Mondphasen. Die verbleibende Differenz wird mit Schaltjahren ausgeglichen. Trotz dieser Berechnungen dauert dieses julianische Jahr aber 11 Minuten und 14 Sekunden zu lange, so dass nach jeweils 128 Jahren das Kalenderjahr um einen Tag hinter der astronomischen Wirklichkeit zurückbleibt.

**DER GREGORIANISCHE KALENDER** Papst Gregor XIII. unternahm es gegen Ende des 16. Jahrhunderts, den julianischen Kalender zu korrigieren. Zehn Tage wurden aus dem Kalender gestrichen – auf Donnerstag, den 4. Oktober, folgte gleich Freitag, der 15. Oktober 1582. Von diesem Zeitpunkt an fallen jene Jahre als Schaltjahre aus, deren Jahreszahlen durch 100 geteilt werden können, bis heute die Jahre 1700, 1800 und 1900, nicht jedoch jene, die sich auch durch 400 teilen lassen, wie dies 1600 und 2000 der Fall war. Der gregorianische Kalender differiert gegenüber den astronomischen Gegebenheiten jährlich nur um 26 Sekunden. Dies aber wird sich erst gegen Ende des 3. Jahrtausends erneut auswirken.

**WENN ES NUR NICHT VON ROM AUSGEGANGEN WÄRE …** Wäre es nicht der römische Papst gewesen, von dem diese Kalenderrevision ausging, hätten die Kirchen des Ostens wie auch jene der Reformation im Westen wohl sehr rasch zugestimmt. So aber zögerten sie. Der bürgerliche Kalender hingegen ging diesen nichtrömischen Kirchen meistens voran. Inzwischen hat sich der gregorianische Kalender in der ganzen Welt eingespielt. Zu den letzten Staatswesen, die ihn eingeführt haben, gehören Russland (1918), Griechenland (1924), die Türkei (1927) und China (1948). Fast so lange – bis 1798 – wartete der Kanton Graubünden damit, und bis 1811 noch widersetzte sich die protestantische Gemeinde Susch.

**UND WANN IST OSTERN?** Das Konzil von Nizäa von 325 hatte bestimmt, dass Ostern am Sonntag nach dem ersten Vollmond zu feiern sei, der auf die Tag-und-Nacht-Gleiche im Frühling folgt, nach julianischem Kalender damals am 21. März. Falls dieser Sonntag mit Pessach zusammenfallen sollte, sei Ostern auf den nachfolgenden Sonntag zu verschieben. Das führte zu einem gemeinsamen Osterdatum, solange Ost und West dem julianischen Kalender folgten. Seit der 1583 von Papst Gregor XIII. verordneten Kalenderreform kann es nun sein, dass Ost- und Westkirchen am gleichen Tag Ostern feiern, aber ebenso können eine, vier oder sogar fünf Wochen zwischen den beiden Daten liegen.

**DAS PERFEKTE CHAOS** Was die Berechnung des Ostertermins betrifft, so blieben alle orthodoxen Kirchen – mit Ausnahme jener von Finnland – dem julianischen Kalender treu, auch wenn sie sich für den Ablauf des säkularen Jahres dem gregorianischen angeglichen hatten. Sie folgen damit dem Kompromissvorschlag des Ökumenischen Patriarchen Meletios IV., der angeregt hatte, in dem unbeweglichen Festtagszyklus dem gregorianischen, für den Ostertermin dem julianischen Kalender zu folgen. Jene Kirchen hingegen, die weiterhin nach julianischem Kalender zählen, weisen unterdessen eine Differenz von 13 Tagen zum gregorianischen Kalender auf. Weihnachten etwa wird nicht am 25. Dezember, sondern am 7. Januar des Zivilkalenders gefeiert, der heilige Nikolaus nicht am 6., sondern am 19. Dezember.

**WIE WEITER?** Ein gemeinsames Osterfest aller Christen wäre ein starkes Zeichen. Zur Zeit sieht es nicht so aus, als sei eine Einigung bald möglich. Nicht nur den Christen, der ganzen Menschheit fällt es schwer, «gleichzeitig» zu leben und der Zeit einen gemeinsamen Sinn zu geben. Der Weg zu einer Einigung ist also nicht zu suchen in der willkürlichen Festsetzung eines Ostertermins im säkularen Kalender. Die Bindung dieses Tages an die kosmische Ordnung ist jedenfalls ein Zeichen für das Vertrauen, dass sich im Rhythmus der Natur die Sehnsucht und Verheissung der neuen Schöpfung abbildet. Das astronomische Jahr umfasst die einzigen wirklichen «Stunden», die Gott uns schenkt. Die Aufgabe jedes Kalenders ist es, diesen Rhythmus zu hören und ihn zu berechnen.

V
FESTTAGE

# VI.

# GEMEINDELEBEN

# LEBENDIGE GEMEINDEN

Von weither kommen sie angereist, um miteinander den Gottesdienst zu feiern. Längst schon ist der Sonntag zum Mittelpunkt ihres Familienlebens geworden. Man freut sich darauf – vom Ältesten bis hinab zum Allerkleinsten. Im Mittelpunkt steht zweifellos die Liturgie. Man feiert Gott, singt dessen Lieder in der eigenen Muttersprache, zündet für sich und seine Nächsten eine Kerze an. Man taucht für eine, zwei oder auch drei Stunden ein in eine andere Welt. Auch wenn der Priester längst sein liturgisches Gewand wieder abgelegt hat, denkt kaum jemand daran nach Hause zu gehen. Der Gottesdienst geht weiter. Man isst, singt, lernt, redet, spielt miteinander – oft bis am späten Abend.

**IMMER DABEI: DIE KINDER** Besonderes Anliegen ist den ostkirchlichen Gemeinschaften die Weitergabe ihres Glaubens an die Kinder. Vor und nach dem Gottesdienst lernen diese den Glauben und die Bräuche ihrer Kirche kennen. Sie tun das meistens in der Sprache der Heimat ihrer Eltern. Sie singen, lernen die Gebete, hören Geschichten aus dem Alten und dem Neuen Testament. Und freuen sich natürlich schon aufs nächste Kinder- oder Jugendfest! Fast möchte man dabei nicht von Religionsunterricht sprechen, sondern von der gemeinsamen Freude, den Glauben ihrer Eltern zu ihrem eigenen zu machen. So werden die Gemeinden zugleich zu Trägern und Vermittlern kultureller Identität.

**DER GRÜNDE ZUM FEIERN SIND VIELE** Das gesellschaftliche Leben spielt im Kreis der religiösen und kulturellen Minderheiten eine grosse Rolle. Etappen im Leben werden miteinander begangen: Taufen und Hochzeiten etwa, natürlich auch der Abschied von verstorbenen Mitmenschen. Ausflüge in die nähere Umgebung und Reisen ins Ausland werden organisiert – zum Beispiel in die weit entfernte Heimat. Und immer wieder gibt es Grund genug, miteinander ein Fest zu feiern. Der Gottesdienst des Sonntags durchzieht die Tage, Wochen, Jahre.

VI
GEMEINDE-
LEBEN

VI
GEMEINDE-
LEBEN

Vor oder nach dem Gottesdienst werden die Kinder zum Religionsunterricht zusammengerufen. Vater Johannes trifft sie in der russischen Auferstehungs-kirche, Eleni Regli von der Rumänisch-Orthodoxen Gemeinde Hl. Nikolaus in einem Schulzimmer der katholischen Pfarrei St. Katharina in Zürich-Affoltern. Auch der indische Junge folgt aufmerksam seinem Lehrer, dem Priester seiner Kirche aus Kerala.

180

Andom und Selam feiern im
grossen Kreis ihrer eritreischen
Angehörigen und Freunde ihr
Hochzeitsfest.

Die Armenisch-Apostolische Ge- katholischen Pfarrei in Düben-
meinde Sourp Sarkis trifft sich zu dorf.
ihrem Gemeindefest im Saal der

# VII.
## DIE
# SPRA-
# CHEN
## IM
## GOTTESDIENST

# «EIN JEDER HÖRTE SIE IN SEINER SPRACHE REDEN»

Apostelgeschichte 2,6

### DIE SPRACHEN IM GOTTESDIENST

In den Gottesdiensten der in Zürich präsenten ostkirchlichen Gemeinschaften wird in den verschiedensten Sprachen gesungen, gelesen, gepredigt und gebetet.

Uralte Sprachen sind darunter, die sich längst aus dem Alltag in das Innere der Kirchen zurückgezogen haben. Sprachen auch, die durch die Zeit zu neuem Wortschatz, neuen Formulierungen, neuen Ausdrücken gekommen sind – im Gottesdienst aber in der Sprachform früherer Jahrhunderte bewahrt sind. Die Umgangssprachen ebenso, die in den Heimatländern der Angehörigen heute noch gesprochen werden. Und schliesslich – die deutsche Sprache. In mancher Gemeinde die einzige Möglichkeit, von allen Gottesdienstbesuchern überhaupt verstanden zu werden. Neun Sprachen werden hier vorgestellt. Wir zeigen sie im ihnen eigenen Schriftbild, im Vaterunser, dem Gebet von Jesus, das ausnahmslos das Leben jedes Christen begleitet.

**ARAMÄISCH** Die Sprache, die Jesus gesprochen hat. Die Umgangssprache der Apostel. Der semitischen Sprachfamilie verwandt, zu der auch das Hebräische wie das früher gesprochene Phönizisch gehören. Schon aus der Zeit vor Christus belegt. Noch etwa 550 000 Menschen sprechen heute Aramäisch, aber es muss als Neu-Aramäisch bezeichnet werden, da es sich vom klassischen Aramäisch aus der Zeit von Jesus weiterentwickelt hat. Kleine Volksgruppen in Irak, Iran, Israel, Libanon, Syrien und der Türkei sprechen diese Sprache noch. Die Migration hat Aramäisch auch nach Mittel- und Westeuropa sowie nach Amerika und Australien gebracht. Die auch als Syrisch bezeichnete Sprache ist nicht einfach mit der Landessprache Syriens gleichzusetzen, sondern als Sprache christlich gebliebener Dörfer am Südostrand des römischen Reiches zu verstehen. Im Kult der Syrisch-Orthodoxen Kirche wird diese Sprache noch gebraucht. Auch die der syrischen Kirche von Antiochia zugehörigen Thomaschristen in Südindien verwenden das Aramäische in Teilen ihrer Liturgie.

**ALTGRIECHISCH** Die indogermanische Sprache der Griechen war ursprünglich in den Gegenden des Festlands, auf den Inseln und an fremden Küsten durch starke Dialektunterschiede geprägt. Für die Bedürfnisse der weiträumigen Wirtschaft im ganzen Mittelmeerraum formte sich später die vereinheitlichte Sprachnorm Koinē, in der der Apostel Paulus auf der Agora von Athen predigte, in der die Schriften des Neuen Testaments überhaupt abgefasst sind, in die das Alte Testament von 72 Übersetzern (daher «Septuaginta») übertragen wurde. Die Kenntnis der Koinē war auch im alten Rom stark verbreitet, und im damals weltmännischen Griechisch lernten die ersten Christen im Westen die Frohbotschaft kennen. Auch das Ringen um die Formulierungen des Glaubensbekenntnisses durch die Theologen und auf den Konzilien fand auf Griechisch statt. Auf die antike Koinē gehen sowohl die Kultsprache der Griechisch-Orthodoxen Kirche wie auch das heutige Neugriechisch zurück.

**ARMENISCH** Dem ersten christlichen Staat fehlte die Bibel. Deshalb schuf der Vartabed (Doktor oder Lehrer) Mesrop Maschtoz im Jahr 406 das armenische Alphabet. Seit damals gibt es Schriftzeugnisse in der altarmenischen Sprache, die zur indogermanischen Sprachfamilie gehört. Sie blieb bis ins 19. Jahrhundert Literatursprache, wird heute aber nur noch in der armenischen Liturgie verwendet. Das heute gängige Ostarmenisch wird in Armenien selbst gesprochen, das Westarmenische in der Diaspora, die sich vor allem nach dem Völkermord im Osmanischen Reich in Europa und den USA, im Libanon und im Nahen Osten, gebildet hat.

de dann aber durch Amharisch und Tigrinya abgelöst. Ge'ez situiert sich zwischen der semitischen Sprachfamilie und den heutigen äthiopischen Sprachen. Die ersten Inschriften stammen noch aus der Zeit, bevor sich Kaiser Ezana im 4. Jahrhundert dem Christentum zuwandte. Heute ist Ge'ez die Sprache im Gottesdienst der Christen Äthiopiens und Eritreas.

**KOPTISCH** Im Gottesdienst der Koptisch-Orthodoxen Gemeinde sind die koptische wie auch die arabische Sprache zu hören. Koptisch gilt als jüngste Entwicklungsstufe der altägyptischen Sprache, die zur afroasiatischen Sprachfamilie gehört. Mit Hilfe des Koptischen erst liessen sich die ägyptischen Hierglyphen entziffern. Als Umgangssprache diente die koptische Sprache vom 3. Jahrhundert an, wurde ab dem 10. Jahrhundert aber verdrängt durch das Arabische, eine Folge der fortschreitenden Islamisierung. Die Schrift ist abgeleitet von der griechischen Schrift. Das Koptische dient kaum mehr als Umgangssprache, wird aber in letzter Zeit wieder vermehrt von jungen Kopten – den christlichen Ägyptern – gepflegt.

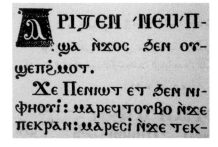

**GE'EZ** Ge'ez war die Sprache des spätantiken Reiches von Aksum, sie wird deshalb auch als aksumitische oder altäthiopische Sprache bezeichnet. Noch bis ins 19. Jahrhundert war Ge'ez die Schriftsprache Äthiopiens, wur-

**KIRCHEN-SLAWISCH** In den Kirchen Russlands, Serbiens und Bulgariens wird heute noch die Liturgie in kirchenslawischer Sprache gefeiert. Es ist die Sprache, in der die Slawenapostel Kyrill und Method im 9. Jahrhundert das byzantinische Christentum in Grossmähren verkündigten. Die beiden Söhne eines griechischen Vaters und einer slawischen Mutter sind in Thessaloniki aufgewachsen. Kyrill, der bis zu seinem Klostereintritt in Rom kurz vor seinem Lebensende Konstantin hiess, lehrte Philosophie in Konstantinopel, Method war Mönch und lebte in einem Kloster in Kleinasien. Auf Ersuchen des grossmährischen Fürsten Rastislav schickte der byzantinische Kaiser Michael III. im Jahr 863 die beiden Brüder zur Predigt des Evangeliums nach Mähren. Bereits vorher hatte Kyrill, um die slawische Sprache zu fixieren, das glagolitische Alphabet entwickelt und die Evangelien und die Psalmen in die slawische Sprache übersetzt. Die Glagoliza wurde noch vor Ende des 9. Jahrhunderts durch die kyrillische Schrift abgelöst, die ihre Schriftzeichen vor allem aus dem Griechischen übernahm.

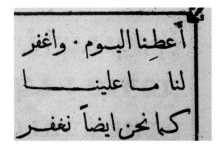

Tamil, Telugu und Kannadu zugehörig zur drawidischen Sprachfamilie. Entstanden ist Malayalam zwischen 800 und 1000 unserer Zeitrechnung durch Weiterentwicklung des Tamilischen. Die Sprache enthält Lehnwörter aus dem kultischen Sanskrit, der Sprache der Brahmanen. Die Schrift ist verwandt mit jener des Telugu. Malayalam ist die kultische Sprache der drei indischen Gemeinden der Thomaschristen in Zürich.

**RUMÄ-NISCH** Als einzige der östlichen Kirchen verwendet die rumänische ihre Umgangssprache auch in der Liturgie, und Rumänisch ist im griechischen und slawischen Umfeld die einzige Tochtersprache des Lateins – vergleichbar mit den romanischen Sprachen Westeuropas, insbesondere dem Italienischen. Diese sprachliche Prägung geht darauf zurück, dass das Kerngebiet der Rumänen etwa 160 Jahre lang die römische Provinz Dakien bildete und sich die romanisierte Bevölkerung in und nach der Völkerwanderung und trotz einer fremden Oberschicht zu behaupten vermochte. Allerdings hat das Rumänische viele slawische Elemente aufgenommen. Bis ins neunzehnte Jahrhundert wurde es in kyrillischer Schrift geschrieben.

**MALAYA-LAM** Malayalam–wörtlich: «Land zwischen Bergen und Ozean» – ist die Sprache Südwestindiens im Bundesstaat Kerala. 33 Millionen Menschen sprechen Malayalam, eine der 22 indischen Nationalsprachen, mit

**ARABISCH** Die koptische und die syrische Kirche verwenden in ihren Gottesdiensten oftmals das Arabische. Nicht, weil ihnen die Sakralsprache des Islam besonders naheliegt, aber es ist die in der syrischen und ägyptischen Welt gesprochene Sprache, und Koptisch und Aramäisch werden dort nicht mehr verstanden. Das klassische Hocharabisch ist die Sprache des Koran, die sich gegen Ende des 7. Jahrhunderts im Zug der islamischen Eroberungen im ganzen Vorderen Orient verbreitete. In der Liturgie der koptischen wie der syrischen Kirche werden Lesungen und Predigt praktisch nur noch in der arabischen Sprache vorgetragen.

VII

SPRACHEN

# WELT DER

# I-KO-NEN

# FENSTER ZUR EWIGKEIT

## DIE WELT DER IKONEN

Ikonen sind Fenster zur Ewigkeit. Sie lassen einen Einblick zu in die mit Worten nicht zu beschreibende Schönheit des Himmels. Sie «legen Zeugnis ab von der jenseitigen Welt» (Sergij Bulgakov). Wenn der orthodoxe Christ die Ikone küsst, dann küsst er die Wirklichkeit, die hinter der Ikone liegt, wenn er sie berührt, dann spürt seine Hand jene Hand, die sich ihm vom Himmel entgegenstreckt. Ikonen stehen nicht für sich selbst. Sie geben dem Menschen ein Gefühl der spürbaren Anwesenheit Gottes. Ikonen werden nicht nur betrachtet, sie werden verehrt. «Die Ehre, die dem Bild erwiesen wird, geht auf das Urbild über» (Basilius der Grosse, 329–379).

**NICHT GEMALT, SONDERN GESCHRIEBEN** Ikonen verraten keinerlei Sentimentalität. Sie folgen einem strengen Kanon der Formen und Farben, die in Malerhandbüchern weitergegeben werden. Der Betrachter schaut ins Antlitz dessen, der aus dem Bild zu ihm spricht. Eine persönliche Begegnung geschieht. Ikonen zeigen Jesus, den Menschgewordenen, sie zeigen Maria, die Mutter Christi und der Menschheit, sie zeigen die Engel, Heiligen, Vorläufer und Mittler auf jenem Weg, den sie vor uns und mit uns Menschen gehen. Ikonen malt man nicht, man schreibt sie, denn sie geben Zeugnis von dem Wort Gottes, das Mensch geworden ist.

**VERMITTLER DES GEZEIGTEN** Die «Ikonenschreiber» sind vorwiegend Mönche. Sie fasten und beten, sie denken nach und schreiben dann ihre Ikone. Sie sollen fähig sein, im Glauben zu schauen, was sie den Betrachtern weitergeben. Die Wirklichkeit Gottes offenbart sich durch die Vermittlung des Malers. Die dargestellten Gestalten werden mit ihren Namen gekennzeichnet. Der Ikonenschreiber signiert seine Ikone nicht. Er sucht nicht den Ruhm des Künstlers, sondern gibt weiter, was sein inneres Auge gesehen hat.

**BILDERSTURM IM 9. JAHRHUNDERT** Beinahe wäre die Idee der Ikonen im 8. Jahrhundert verloren gegangen. Der Kampf zwischen Ikonoklasten («Bilderstürmern») und Ikonodulen («Bilderverehrern») wurde hart geführt. Die Ikonoklasten warfen den Ikonodulen heidnische Anbetung und Verehrung von Bildern vor. Das Zweite Ökumenische Konzil von Nizäa, einberufen durch die Kaiserin Irene im Jahr 787, entschied, dass den Ikonen Verehrung, nicht jedoch Anbetung zukomme.

VIII

IKONEN

«Wenn der körperlose Gott um deinetwillen Mensch wird, dann darfst du auch das Abbild seiner menschlichen Gestalt malen. Wenn der Unsichtbare im Fleisch sichtbar wird, dann darfst du ein Abbild des sichtbar Gewordenen machen.»

Johannes von Damaskus, um 650 – vor 754

**DIE IKONOSTASE – DAS TOR ZUM HIMMEL** Charakteristisch für eine Kirche des byzantinischen Ritus ist bis heute die Ikonostase, die Bilderwand, die den Raum der Gläubigen mit dem Altarraum verbindet. Die Kirchen der orientalischen Orthodoxie weisen an ihrer Stelle Vorhänge auf. Die Ikonostase weitet unseren Blick auf jene grosse Gemeinschaft der Engel und Heiligen, die mit uns die Liturgie feiert. Sie alle sind Wegbegleiter im irdischen Leben, Boten der Ewigkeit.

Noch fehlen Ikonen in der Serbisch-Orthodoxen Kirche Maria
Entschlafen. Der Priester Miroslav Simijonović ist im Begriff, die
letzten Ikonen zu schreiben. Auf
ihre Erhebung in die Kuppel über
der Kirche wartet die Christusikone. Das Berühren und Küssen
der Ikonen gibt den Menschen in
ihrem Alltag einen Hauch himmlischer Seligkeit.

# «SCHAUT IN DEN OSTEN»

Baruch 5,5

Westkirchen und Ostkirchen haben sich seit Jahrhunderten voneinander entfremdet, auch wenn der Austausch nie ganz abbrach. Die Scholastik im 13. Jahrhundert, die Reformation im 16. Jahrhundert, die Aufklärung im 18./19. Jahrhundert, das Zweite Vatikanische Konzil im 20. Jahrhundert – all diese Entwicklungen haben die Ostkirchen nicht geteilt. Der Westen wiederum hat wenig Anteil genommen an den geschichtlichen Entwicklungen, theologischen Fragestellungen und mystischen Erfahrungen, die den Osten bewegten. Die politische Periode des Eisernen Vorhangs in Europa hat diese Entfremdungen vertieft.

**DER ANSPRUCH AUS DEM OSTEN** Mit der neuen Öffnung der Grenzen, der wachsenden europäischen Integration und dem Prozess der Globalisierung beginnt sich eine neue Sichtweise abzuzeichnen. Fast neidisch schauen die Christen im Westen in den trotz aller Reformen immer leerer werdenden Kirchen auf ihre östlichen Nachbarn. Und sie tun gut daran, den Anspruch der Orthodoxie nicht zu überhören.

«Der Angriff aus dem Osten ist ernsthaft. Denn seine Theologie ist niemals der Liturgie davongelaufen. Das aber ist im Westen geschehen. Wir haben das Denken über Gott dem Gottesdienst vorgezogen.»

Eugen Rosenstock-Huessy

**EINE KIRCHE – EINE WELT** Katholiken, Reformierte, Orthodoxe – alle berufen sich auf das Bekenntnis zur «einen, heiligen, katholischen und apostolischen Kirche». In einer Welt, die nach Frieden und Verständigung sucht, ist das gemeinsame Zeugnis des Glaubens ein kostbares Zeichen. Der Glaube an den einen Gott und seine Menschwerdung in Jesus Christus, die uns zum Heil wird im Heiligen Geist, ist stärker als die Verschiedenheit von geschichtlichen Erfahrungen, Sprachen und Kulturen. Was weltweit gilt, gilt auch in Zürich: Die Christen in unserer Stadt zeigen, dass die Vielfalt der Lebensformen und Denkweisen nicht Trennung bedeuten muss, sondern einen von Gott gewollten Reichtum bildet. «Ein Stück Himmel auf Erden» – das ist es, was die Kirche den Christen und was die Christen der Welt zu bieten haben.

Fügt sich die kleine Kuppel der
Russisch-Orthodoxen Auferstehungskirche nicht gut hinein in
das Miteinander der Kirchtürme
in Zürichs Innenstadt?

Diese Publikation entstand im Rahmen der Ausstellung «Ein Stück Himmel auf Erden – Ostkirchen in Zürich» vom 9. November 2011 bis 31. März 2012 im Stadthaus Zürich.

Im Auftrag des Präsidialdepartements der Stadt Zürich
Abteilung Kultur:
    Peter Haerle, Direktor; Daniela Lienhard; Adrian Buchser
Integrationsförderung:
    Christof Meier, Leiter; Erika Sommer

Konzept und Texte:
    Dr. Peter Wittwer, Theologe

Fotografien:
    Vera Markus

Wissenschaftliche Beratung:
    Prof. Dr. Barbara Hallensleben, Institut für Ökumenische Studien der Universität Freiburg Schweiz

Lektorat:
    Marianne Stauffacher, Theologischer Verlag Zürich

Ausstellungsgestaltung:
    Daniel Lienhard

Ikonostase in der Ausstellung:
    Pfr. Dr. Miroslav Simijonović

Bibliografische Informationen der Deutschen Nationalbibliothek:
    Die Deutsche Nationalbibliothek verzeichnet diese Publikation in der Deutschen Nationalbibliografie; detaillierte bibliografische Daten sind im Internet über http://dnb.d-nb.de abrufbar.

Layout, Satz und Umschlaggestaltung:
    Franziska Burkhardt und Simone Farner

Druck:
    AZ Druck und Datentechnik, Kempten

ISBN 978-3-290-17618-1
    © 2011 Theologischer Verlag Zürich; www.tvz-verlag.ch
    Präsidialdepartement der Stadt Zürich
    Texte: © Peter Wittwer
    Fotos: © Vera Markus

Bild Schutzumschlag:
    Das neue Kreuz wird auf das Dach der Serbisch-Orthodoxen Kirche in Schwamendingen gesetzt. Foto: Vera Markus

WIR DANKEN DEN GEMEINSCHAFTEN FÜR
DIE ZUSAMMENARBEIT

Armenisch-Apostolische Orthodoxe Kirch-
    gemeinde in der Deutschschweiz – Sourp
    Sarkis
Äthiopisch-Orthodoxe Tewahedo Kirch-
    gemeinde Debre Gennet Qiddist Maryam
Eritreisch-Orthodoxe Tewahedo Kirchgemeinde
    Medhanialem
Eritreische Katholische Kirchgemeinde
    Medhanialem
Griechisch-Orthodoxe Kirche Agios
    Dimitrios
Koptisch-Orthodoxe Kirche der Heiligen
    Markus und Mauritius
Malankara Syrisch-Orthodoxe Kirchgemeinde
    Saint Mary
Orthodoxe Kirchgemeinde Rumänischer
    Sprache
Rumänisch-Orthodoxe Kirchgemeinde
    Hl. Nikolaus
Russisch-Orthodoxe Auferstehungskirche
Russisch-Orthodoxe Kirchgemeinde
    Hl. Pokrov-Mariaschutz
Serbisch-Orthodoxe Kirchgemeinde
    Hl. Dreifaltigkeit
Serbisch-Orthodoxe Pfarrei Maria
    Entschlafen
St. Thomas Syro-Malabarische Katholische
    Kirchgemeinde
Syrisch-Orthodoxe Kirchgemeinde
    St. Ephrem
Syro-Malankarische Katholische Kirchgemeinde


WIR DANKEN FÜR DIE INITIAVIE ZUR
    AUSSTELLUNG

Dr. Jean-Pierre Hoby, ehemaliger Direktor
    Kultur
Dominik Müller, ehemals Abteilung Kultur

WIR DANKEN FÜR DIE FINANZIELLE
UNTERSTÜTZUNG

Avelar Energy Group
Christkatholische Kirchgemeinde Zürich
Dr. Adolf Streuli-Stiftung
Ernst Göhner Stiftung
Evangelisch-reformierte Landeskirche des
    Kantons Zürich
Familien-Vontobel-Stiftung
Katholische Kirche im Kanton Zürich
Samih Sawiris, Kairo
Serbisch-Orthodoxe Pfarrei Maria Entschlafen
Tatneft Europe AG
Verband der röm.-kath. Kirchgemeinden der
    Stadt Zürich
Verband der stadtzürcherischen evangelisch-
    reformierten Kirchgemeinden